乳幼児期の
性教育
ハンドブック

浅井春夫・安達倭雅子
艮 香織・北山ひと美 編著

"人間と性"教育研究協議会
乳幼児の性と性教育サークル 著

かもがわ出版

装画 「本の虫」竹上 妙

はじめに

　"人間と性"教育研究協議会に乳幼児の性と性教育サークルが立ち上がったのは、2018年夏のことです。保育園、幼稚園などで日々子どもたちと関わっている方、医療現場で働く方、教育、福祉の研究者、子育てをしてきた方など、多くのみなさんが集ってくださいました。保育現場、医療現場、あるいは子育てのなかで"性"に関わる問題に日々直面し、子どもたちの自己肯定感を育み、人とつながりあって育っていく環境を作るためにおとなが果たす役割は何か。それらを学ぶ場が、いま切実に求められていることの表れだろうと実感しています。

　乳幼児期から高齢期まで、生活と人間関係のあらゆる側面を含む包括的な性教育の必要性がようやく認識され始めているのではないでしょうか。とくに家庭向けの性教育の本や、保護者に向けた発信が増えているなか、乳幼児期の子どもたちが多くの時間を過ごす保育園、幼稚園など保育の施設での取り組みが、とりわけ大切になってきています。

　文部科学省は、性犯罪・性暴力対策として「生命（いのち）の安全教育」の教材と指導の手引きを2021年に公表しました。幼児用の教材もからだを守ることを目的として掲げています。示された内容でからだを守ることができるのか、"からだの権利"についての感覚を十分育むことができるのか、慎重に見ていきたいところです。

　本書は、なぜ乳幼児期から性教育が必要なのか、保育現場でどのように実践を進めればいいのかを、第1章と第2章で詳述しています。さらに、第3章では、世界と日本の子どもの性をめぐる現実、障がいのある子どもへの性教育、メディアやSNSと乳幼児期の性について論じ、ユネスコ「国際セクシュアリティ教育ガイダンス」に基づいて、乳幼児期の性教育の内容を8つの重要な考え方で整理する試案を提起しました。また、乳幼児期の性教育に欠かすことのできない絵本のガイドとコラム、用語解説を収め、どこから読んでいただいてもヒントになるよう構成されています。

　多くのみなさまが手に取り、保育実践をともに進めてくださることを願っています。

2021年2月　　　一般社団法人"人間と性"教育研究協議会
　　　　　　　　乳幼児の性と性教育サークル代表
　　　　　　　　北山ひと美

第1章

なぜ乳幼児期から性教育？

〈理論編〉

1 乳幼児期に
なぜ性教育が大切なのか

北山ひと美

乳幼児と "性" を考えてみよう

　保育園、幼稚園、児童養護施設などで日々子どもたちと接し、保護者と関わっているみなさん、乳幼児の "性" について何かモヤモヤした思いをもったことはないでしょうか？　あるいは、乳幼児と "性" を結びつけて考えることがこれまであったでしょうか？

　数年前、保育園、幼稚園の職員、教員へのアンケート*で、「おゆうぎが男女別に行われている」「当然のように男女でスモックの色が決められている」ということにモヤモヤとした思いをもっている、という声が寄せられたそうです。そのことを職場で話題にすると、「あ〜、ジェンダーっていうやつ？」と返されてそれ以上話ができなかった、という声もありました。

　一方で、子どもが着替える場所、タイミングなど、子どもたちのからだを大切に扱うということについてはどうでしょうか。

　もう40年近く前のことですが、私が初めて赴任した幼稚園では男子も女子も同じように「水着は短パン」としていました。新任の私は「できるだけお日様をいっぱい浴びるため」という説明に納得しました。その後小学校に配転したとき、集会で男女別に並ばせていることに何の疑問ももちませんでした。このように子どもが自分のからだをどのように意識するのか、まわりの人との関係づくりをどのように学んでいくのかということを、家庭はもとより、保育現場、教育現場でもあまり考えられてこなかったのではないかと思います。

　しかし、男の子は…女の子は…というジェンダー（社会的・文化的につくられた性別）に関わる意識は日々の生活の中で刷り込まれていきますし、自分のからだを大切だと思う気持ちもまわりのおとなの関わりの中で育っていきます。保育現場での子どもたちの現実をともに見つめ、

＊
保育者と親のための学び＆交流誌『エデュカーレ』編集委員による保育者のジェンダーに関するアンケート（同誌2016年1月号にアンケートを元にした対談がある）

その課題は何かを考えたいと思います。

見たい、知りたい、からだのこと

　子どもたちは「おしっこ」「うんち」「おっぱい」などということばが大好きです。自分の性器を見せたり、友だちの性器を見ようとしたりすることもあります。男の子と女の子の性器が違うこと、自分とおとなのからだが違うことにも興味をもちます。また自分の性器にふれることで気持ちがよくなることにも気がつき、その心地よさにつながることばを使いたがります。時には友だちや保育者の胸や股間、おしりを触ろうとすることもあります。

　こうしたとき、ただ注意したり、やめさせたりすることはないでしょうか。子どもの性的発達は誕生の時から始まり、2～3歳の頃には自分自身のからだに気づき、自分とまわりの人のからだに非常に興味をもつ、とされています。**興味をもったときこそ、からだについてや、自分の性器に触っていいときはどういうときか、からだに勝手に触られたら相手がどのような気持ちになるのかなどを学ぶ機会にすることができます。

自分のからだは自分のもの

　保育現場では、子どものからだに直接ふれる機会が多くあります。オムツ替え、沐浴、着替え、排泄などのとき、おとなはどのような声をかけているでしょう？　清潔になって気持ちいいという感覚、からだを動かすことやふれあうことの心地よさを感じられるように、保育者も家族も、意識して声をかけたいものです。また、「からだっていいな」という感覚を育むような関わり方・体験は必要であり、大切にしたいことです。

　一方で、自分のからだは自分だけのものであって、他の誰からも侵害されることはない、という感覚を育むことも、同時に大切にしなければなりません。

　たとえば、水遊びのときなどに、男女一緒に、通りがかりの人から見えるオープンな場所で着替えるというようなことは、今でも幼稚園、保育園で目にすることがあります。子どもたち自身はそのことについてどのような気持ちになるのでしょう？　からだにタオルを巻き、後ろを向いて着替えている子どもたちの表情を見たとき、自分のからだを見られ

**
『ヨーロッパの性教育スタンダード』の＜乳幼児期の性心理的発達の特徴＞より。『ヨーロッパの性教育スタンダード』はドイツ連邦健康啓発センターと世界保健機関（WHO）ヨーロッパ地域事務所によって出されたガイドラインで、各国はこの『スタンダード』をもとに性教育のプログラムづくりを進めている。（WHO Regional Office for Europe and BZgA 2010, Standards for Sexuality Education in Europe）

ることに対する抵抗感があるのだと感じます。そのことをはっきり訴えることばをまだ持たない年齢の子どもたちは、“諦める”しかなく、繰り返すうちに“慣れ”ていくかもしれません。

そのような視点で見てみると、4歳児でも着替えのときは自分のからだを隠したがる、ということに気づきます。室内を濡らさないようにという保育者側の都合で、3歳児がテラスで水着を脱ぐことはどうなのだろう、と保育者が感じるようになります。つまり、保育者自身が“子どもの人権”という視点で日々の生活を見直すようになるのです。

「男らしさ／女らしさ」にとらわれていないか？

幼稚園に教育実習に来た学生が、「男の子もままごとするんですか?!」と驚いたことがありました。ある幼稚園の教員が「女の子から先に選ばせてあげる」と言った4歳児を「男らしい！」と評価する場面がありました。このエピソードを、みなさんはどのように思いますか？

先述したように、子どもは2〜3歳のころには自分自身と自分のからだに気づき始めると同時に、自分が男の子か女の子かを学び始めます。そして4〜6歳ごろには、自分が男子か女子であることを自覚し、いつもそうであろうとするようになります。子どもたちは「男の子がすること」「女の子がすること」についてはっきりした考えを作り上げ、ジェンダーといわれる社会的、文化的な性別を意識するようになります。

乳幼児期の発達の特徴として表れるジェンダーの意識は、子どもたちに日々接する親や保育者の意識が色濃く影響していることは明らかです。自分が女の子である、あるいは男の子である、と自覚し始めたとき、その自分の「性」を肯定的に捉えるか否定的に捉えるかで、その後の自己肯定感・観に大きな影響を及ぼすことになります。

遊びに入る、入らないでのやりとりはしばしばあることで、「男の子だからダメ」「女の子はダメ」という言い方をすることも起こりがちです。その現場に居合わせた保育者がそのことばを聞き流すか、あるいは、なぜそのような言い方をするのかを子どもたちと話し合うのかは、ジェンダーバイアス（性差に対する固定概念や偏見）につながるかどうかの大切な場面です。2歳半〜3歳のころからだんだんに作り上げられた性別に応じた世界では、相対する性への嫌悪と排除へ向かう可能性をはらんでいます。ジェンダー用語（男ことば・女ことば）といわれるものが意識化され、とくに女性嫌悪の意識と排除の態度・行動に結びついてい

く可能性があるといわれています。

　両性の平等は憲法にも保障された基本的人権ですが、幼児期から育まれたジェンダーバイアスをぬぐい去るのはそうたやすいことではありません。保育や教育現場でしばしば耳にする「男の子なんだから」や「お父さん座り」「お母さん座り」というようなことばは、知らず知らずのうちに性別による差別や蔑視につながる意識を子どもたちの中に積み重ねていく可能性があるということを、保育現場にいる私たちは常に意識しておかなければならないのだと思っています。

　一方で、性は多様であることも頭に入れておかなければなりません。子どもが自分の性に違和感を覚えているようだ、と保護者や保育者が気づくことがあります。保育の現場で「男の子」「女の子」を特別に意識させることを避けることは、性別に縛られることなく、自分は自分でいいのだ、というメッセージを届けることになるでしょう。

性教育はなんのために？

　子どもたちは成長とともに何かをできるようになることがうれしい！と感じます。そういう自分のからだに対して「からだっていいな！」と実感し、同時に自分以外の人たちのことも大切に思えるような感覚を育みたいものです。そのためには、おとなに世話をしてもらわなければならない乳幼児の時期に「あなたのからだはあなただけの大切なもの」というメッセージを受け取ることが必要です。それは、子ども自身が性被害から身を守ることにもつながります。

　また、まわりの人たちといい関係を築くためには、ジェンダーバイアスにとらわれず、自分は自分でいい、と思えることも大切です。知らず知らずのうちにまわりのおとなたちから「女の子はこうでなければ」「男の子はこうあるべき」ということが刷り込まれていかないような関わりが、保育現場にいる私たちには求められています。

　乳幼児期の性教育は、取り立てて話題にするときだけではなく、日常生活の中で行われていくことが多く、そういう意味では、私たちは常に性教育の視点をもって保育にあたらなければならないのでしょう。

　一方で、保護者に対しては、乳幼児期からの性教育が子どもの人生を豊かに幸せにするものである、ということを語り続けなければならないと思います。

息子が教えてくれた「性は生そのもの」

佐藤さえ子

　幼い頃、背丈より高い竹馬でよく鬼ごっこをしていた息子は、男性なんだけど身体的特徴が多くの女性が持つ身体だったので、戸籍上は女性だった。親も保育園も学校も女子として関わっていた。そんな息子の日常は、まわりの人との間で「こうありたい、したい」という願い、言動が大きく違い、育ちの中でさまざまなつらさ・障害があった。

　でもそれは、小学校へ入学してからのことで、就学前は伸びやかに育っていたと私は思い込んでいた。性教協の乳幼児サークルに参加して改めて息子から話を聞くまでは。

　しかし息子は、子どもの頃はまわりとのギャップが理解できず、胸がしゅんとしたら怒りがこみ上げてきたりということがよくあったと教えてくれた。思い浮かんだのは、年長の冬の夕方のお迎えの時間の出来事だった。ひとつ下の年中組の子に走って体当たりをして突き飛ばしてしまったことがあった。きっかけは相手の子にとっては何気ない言葉（男女みたいな）だった。

　けがには至らなかったものの、同じ保育園で働いていた私は、殺気だった気配にあわてて駆けつけた。「何をするの！」という私も含め、まわりの声と視線と空気感。親である私は、とにかく何とかして息子から「ごめんね」の言葉を引き出そうとしていた。外へ飛び出していた息子は「謝りたくない」の一点張りで、途中から口を閉ざしてしまった。

　相手の子は帰ってしまい、私は息子の様子から説得できないと思い「帰ろう」と息子の手を握ったが、首を横にした。自転車通勤で、いつもの手袋をしたままだったことにふと気がつき、手袋を外してもう一度「帰ろう」と握ると、「うん」といううなずきがあった。帰宅して入浴中に「謝りたくないの？」と聞くと、「うん」「理由だけを教えて」「イヤ」息子には、私だけで相手の子と親に謝罪することを伝えた。

　私は、息子はいい子だけれどクラスに1人か2人はいる乱暴な子で、言葉にして伝えるのが下手な子だと思っていた。付け加えておくと、さまざまな息子の言動は抱えていた性だけが要因ではなく、育ちの弱さからくるものもあった。

幼い頃から男性そのまま

　息子の生活がどのようだったのか、もう少し思い出してみたい。

　物心がついてからは、身につけるものは下着からすべて、1つ上の姉のものではなく、4つ上の兄のお下がりだった。それがとても似合っていて、家庭でも保育園でもそれなりに受け止めていたが、時折「違うよ」と引き戻しの力があった。

　兄と2人で床屋へ行き、支払いに私が出向くと2人とも刈り上げになっていた。お店

の方に「ええー、女の子なんです」と伝えると、「お母さん、靴ぐらい女の子用履かせて
きてよ」と返された。ごもっともでもあるし、本人はうれしそうだったので「まぁいいか」
で決着。

　保育園のごっこ遊びでは「たまにはお母さんやって」と言われてもやらず、譲れない
時は犬になっていた。お手洗いは毎回汚しても、その度に下着やズボンを取り替え床を
拭いても、立って用を済ませていた。サンタさんからのプレゼントのまりの色は女の子
用に用意された濃いピンク。むくれた顔の息子のそのまりを、いつもケンカばかりして
いたT君が自分の白いのと交換してくれていた。

　息子がこれだけはやりたくなかったという七五三。千歳飴がもらえるからと強引に神
社へ連れて行き、神主さんから飴をいただいた瞬間、着物・髪飾りを剥ぎ取ってしまった。
小学生になってからは、女子用の水着と体操着が着れない時は体育の時間は見学してい
た。またクラスメイトからの"オカマ"など性を揶揄する言葉に怒り、大ゲンカになり、
仲裁に入った先生に「先生なんて大嫌いだ」と言葉を残し、上履きのまま非常階段から帰っ
てしまった。

　少々度が過ぎることもあったが、このような言動は息子にとっては"あったり前"の
ことだった。だって息子は男性だから。親やまわりの人間だけがその息子の当たり前に
気がつかずにいた。

「性」の知識があったなら

　思春期を過ぎようとしていたころ、息子は、生きることを諦めようとしていた時間が
あった。よく口にしていたのは「いつも親やまわりに迷惑ばかりかけて申し訳ない」。裏
を返せば「こんな自分だから」という、自己を否定し続ける日々だった。育つ中で「そ
の時の今の自分でいいんだ」という実感がもてずにいた。それでもあなたでいいという
人たちが確かにいてくれた。未来を生きたいという叫びが"助けて"という困惑の行動
として表出していたようにも思う。

　親に「性」の知識があったなら、本当の「性」のことを伝えていたら、少しはつらさ
や障害を小さくする術にできたと思う。

　もっと息子の言動を深く考えなかったのだろうか？　知ろうとしなかったのだろう
か？　それはひとつしかないと思い込んでいた「普通」がいいと、親としての私の偏見
と欲が大きかったからだ。「性は生きることそのもの」と息子は身をもって教えてくれた。
「普通」も「性」も人の数ほどあり、ときには変化することも、そしてすべての人は平等
で尊重されなければならないことも。このことを家庭や保育園や学校で、集団での生活
や学びの場で、おとなも子どもたちもみんながちゃんと知ることで、誰もが多様な人々
の中の大切な1人だと安心して、その子のその人の"当たり前"を生きられると思う。

2 性教育を どのように始める?

艮 香織

　保育は子どもの最善の利益を保障することを目指しています。保育環境や体制、保育経営において子どもの最善の利益とは何かをつねに振り返り、保育理念を確かなものにし、実践へと具体化することが必要です。性は基本的人権であり、性教育はその重要な柱（権利）ですから、子どもの最善の利益に関わります。よってあらゆる保育活動で総合的に取り組むことができます。しかし、保育者向けの研修で、「実際に始めるのはむずかしい」という感想をいただくことがあります。その理由は何でしょうか。そしてそれをどう乗り越えればよいのかを、ここでは考えてみましょう。

性教育への誤解

　「むずかしい」理由のひとつに、性教育への誤解があるのではないでしょうか。性教育は、からだのしくみ（月経や射精等）だけではなく、人間関係（友だち、家族など）や恋愛、社会にある性別によってこうあるべきとする考え方を問い直すものまで、とても広い内容を含みます。

　大きな柱としては、性は人権であるということです。つまり生まれてから亡くなるまで、人間が人間らしく生きるにあたって、性は深く広く関わります。この実現のための柱を大まかにいうと、①性を切り口に、自分のからだとこころ、人との関わり、社会とのつながり等について学ぶこと、②ここちよい状態にすること（セルフケア）、③何か問題があるときに相談する&解決のための方法がなければ声をあげたり、つくっていくことです。こうした学びは、自分のからだは自分で整え、誰にも侵害されないという感覚（bodily integrity/autonomy）を育むことにつながります。これについては子ども向けの動画がありますのでご覧ください[*]。

　多くの方が性について学んだ経験はない／少ないなかで、ハードルが高いように思われるかもしれません。子どもの性教育に取り組みながら、自分も性について学ぶことになります。そうすると科学的とはいえない情報や、誰かの声や、何かの声の「あるべき」姿に振り回されていた自分に気づき、性

[*] Blue Seat Studios「Consent for Kids（"同意"ってなぁに?）」 https://www.youtube.com/watch?v=h3nhM9UlJjc

を含めて、「わたしがわたしをどう生きるか」を考えることにもつながっていきます。おとな自身が性を学び、価値観を見つめることは、子どもの性教育を始める上で最初の一歩となります。実践に関わりながら、少しずつ学びが深まっていくというのがよいのではないでしょうか。どの保育活動もそうですが、最初からできる人はいないのですから。

　また、「性教育をすると性行動が活発になる」「子どもには早すぎる」という声を聞くことがあります。こうした誤解には、おとなが子どもをどういう存在として捉えるか（子ども観）が関わっています。子どもは子ども期を生きている人間であり、別個の人間です。それなのに、性に関することは早いとおとなが判断することは、子どものさまざまな権利を奪っているわけです。おとなが考える、多くは「こうあってほしい」と願う「子どもらしさ」のもとで、子どもが権利行使の主体であることや、おとなはそのためにアドボケイト**するという人権の基本がぼやけてしまいます。このように、自らの子ども観をふり返ること、そして子どもの権利とは何か、子どもの最善の利益とは何かをふり返りながら進めていくことが大切です。

おとなと子どもにはあらゆる場面で力関係が発生しやすい。アドボカシーとは、子どもの脆弱性をたえず意識し、子ども自身が選択する上での条件を保障し、可能な限り対等な関係で支援することをいう。

性教育を進めるきっかけ

　そして「むずかしい」理由の２つ目として、何かきっかけがないと進めづらいという現状があるのではないでしょうか。性教育が必要だと思い、取り組みたいと考えている保育者からも、「何か性の問題があれば（必要だと思う声が高まるから）取り組むことができるのだが」とか、「性教育に関心があるというと、"変な目"で見られるのではないかと思ってためらってしまう」という声を聞きます。

　繰り返しますが、性は人権で、性教育は人権を保障するための権利であり、子どもの最善の利益に関わります。この理念を具体化するのが実践です。「きっかけ」があろうとなかろうと、子どもの最善の利益のために取り組むというのが理想ですが、実際はなかなかむずかしいという方もおられるでしょう。こうした不安は、この社会に、性＝いやらしい、エロというイメージが強いということ、そして私たちおとながその影響を受けていることの表れでもあります。一方で、性教育への理解は確実に広がり、深まっています。政治学者のエリカ・チェノウェスの研究によると、3.5％の人が非暴力的な方法で、本気で立ち上がると社会は大きく変わるのだそうです。「千里の道も一歩から」ですから、肩の力を抜いて、長い目で取り組んでいきましょう。まずはどのような「きっかけ」が可能かを一緒に

考えてみましょう。

①子どもたちからの質問から

　子どもたちは自身や同級生の兄弟姉妹が生まれるということが多い世代といえます。お腹の大きな女性がしばらくしたらお腹のふくらみがなくなって、傍らに赤ちゃんがいるというのは、疑問をもっても不思議ではありません。「赤ちゃんはどうして生まれるの？」「こんどね、妹か弟が生まれるんだよ！　なんでわかるんだろう？」「誕生日って何？　どこから生まれてきたの？」というような質問です。これは性教育のチャンスです。とはいっても、その質問が出てくる理由は子どもによりますから、まずはなぜそう思ったのかを聞いて、どこに疑問点があるのかを確認した上で答えるとよいでしょう。

　答えにつまるときには、一緒に調べてみることを提案したり、次までに調べておくようにしたり（そして忘れるなんてことはないようにしてください）するのはいかがでしょうか。「コウノトリが運んだ」とか「橋の下から拾ってきた」というようなその場限りのごまかしではない答え方を考えたいものです。

　ジェンダーに関わる質問もあります。「女の子が男の子と一緒に遊ぶのってヘンだよね？」「男の子なのにおままごとしておかしいよね？」「男の子なのにピンクの洋服を着てるのはなんで？」といった質問です。これはおとなのジェンダー観が問われます。子どもの可能性を最大限ひらく営みであることを考えれば、性別によって期待することや声かけの内容が違っていないかに、自覚的になる必要があります。これは自分の実践をふり返ったり、保育者同士で意識してみることで気づくこともあるでしょう。

　また、トイレに関する質問もあります。「なんで男子は立っておしっこをするの？」「座っておしっこをしたい（個室を使いたい）」というものです。からだのしくみや拭き方を通して、からだに関わる性教育を実践できます。[*]

　これらの質問への答え方は、個別のやり取りもできますし、集団で学ぶ場を設定することもできます。「一発勝負」ではなく、継続してさまざまな場面で伝えていくことで学びが深まります（詳しくは第3章4をご参照ください）。

②保育のなかの出来事から

　日々の保育活動で、性に関わってどのように対応すべきか、判断に困ることがあります。こうしたできごとは性教育に取り組むチャンスでもあります。研修等でよく聞く困り事をいくつか紹介しましょう。

　ひとつは、子どもたちがおちんちん、おっぱい、セックスといった言葉

*
話はそれるが、日本の保育や教育機関のトイレ事情は課題が多い。とくに男子が個室に入ること＝大便をすることとして、からかわれるということがある。生理現象をからかうというのは明らかに間違っている。それによってトイレに入れない男子が多いことが調査で明らかにされている。ようやく、いくつかの自治体では男子用トイレを個室にする取り組みが始まっている。

を連呼するという事例です。これは子どもそれぞれの理由があり、一概にはいえませんが、いつもと異なるまわりの反応を確認し、楽しんでいることがよくあります。注目してもらいたいという思いから連呼することもあります。それが子どもたちの"ブーム"のようになってしまい、連呼が広がる、なんてこともあります。こうしたことも性教育のきっかけになります。性教育を受けたから性器の名前を連呼するということは、ほとんどありません。からだの名前を知ることや、プライバシーとしての性を話すなかで、性の言葉を連呼することがどうなのかを考えられるようなやり取りができます。

　また、子どもが保育者の胸などに触ってくるという事例もあります。「子どもの最善の利益」の保障とは、子どものやることを何でも受け入れるということではありません。保育者自身が「わたしのからだはわたしのもので、誰にも侵害されない」という意識（bodily integrity/autonomy）をもち、それを伝えることが、子どもの学習権の保障でもあります。相手を大切に思っていても、触られたくないことや、触られたくない場所があるということを伝えてもらいたいと思います。

　性に関する遊び（お医者さんごっこなど）をする、性器さわり（タッチ）やマスターベーションをする、他の人のトイレをのぞくなどの事例の場合、自分と他者のからだを探究したいという気持ちは尊重しながらも、プライバシーや同意のことが理解できるような働きかけをどうするかを、考える必要があります。

　保育者自身の性や人権の学びが深まることで、保育の中での「困り事」へのアンテナが高くなっていきます。本来ならば「問題」としての性の学びの前に、「人権」としての性の学びを日々の保育活動で充分に保障することが重要ではありますが、こうした困り事をきっかけにすることもできるのです。

③保護者の相談や依頼から

　保護者からの相談や依頼がきっかけとなることがあります。②であげた事例のようなことを相談されたときや、トイレでの性器の拭き方や、お風呂での洗い方を子どもに教えてほしいという要望があったとき、性暴力や性被害が心配なので何か取り組みをという声があったとき等です。子どもがトランスジェンダー（からだとこころの性に違和を覚える人）かもしれないので、性による決めつけをしてほしくないという要望があった事例もあります。保護者はともに性教育に取り組む仲間であり、力強い支援者にもなり得ます。

④その他、さまざまなきっかけ

　園の方針として取り組みが始まったことや、保育者が性に関する研修会で学んだことがきっかけになることもあります。そして性に関わる社会の動きを知ったことがきっかけになる場合もあります。例えば、子どもの権利条約や女性差別撤廃条約等の国際法の勧告が出されたときや、関連した国内法や基本計画等が公表されたときです。いずれも性に関わる内容が含まれているので、子どもの現状を考えて、何か保育で取り組むことができないかを考えることができます。

保育現場での実践を確かなものにしていくために

　きっかけを作れたら、それをどのように継続した取り組みにしていくかが重要になります。日々の実践は目まぐるしく過ぎます。保育者は無意識に膨大な判断をしています。哲学者のドナルド・A・ショーンはこれを「暗黙の、行為の中の知の生成」と表現しています。性教育の実践も「あの人だからできる」と、その人のキャラクターやカリスマ性とつなげられることがあります。その人が異動になったら、その取り組みもなくなるということもよくあります。ショーンは「暗黙の、行為の中の知の生成」を意識化し、自分でふり返り、他者に語るなどして共有し、さらに実践と省察を深め、世界にひらくことができるのがプロフェッショナルであると述べています。一人ひとりがプロフェッショナルとなっていくために、誰か一人が皆をひっぱるのではなく、複数でつながって、組織的な取り組みにしていくことが重要です。

①年間の基本方針に「性教育」を位置づける

　各施設・機関に関わる指針・要領（「保育所保育指針」「幼稚園教育要領」「認定こども園教育・保育要領」）のどこと性教育が関わるかを話し合ったり、全体的な計画の立案にあたって性の学びを意識しながら編成したりすることは、保育理念を確かなものにします。実践へと具体化するにあたっても、そして性の学びを広げていくときにも役立つでしょう。

②「性教育委員会」「性教育プロジェクト」などの集団の形成

　性教育実践の内容・方法（集団的な学び、個別的な取り組み）・教材（絵本・紙芝居・図鑑・歌等）に関わる議論、園内研修の計画（全体研修、年齢別研修、初任者・中堅〜ベテランの職員）や保護者向けの講演などを推進するための、核となる組織をつくりましょう。担当者をなるべく固定化せず、多くの保育者が関わる楽しさを実感できるようにしましょう。

③記録を残す

実践の積み重ねを確かなものにするために、実践の内容や子どもの反応、うれしかったエピソード、むずかしい点等の記録を残しましょう。これは性教育に限らず、子ども観や組織のあり方を問い直すにあたって、また了どもの育ちを確認し、適切な内容だったかを省察するにあたっても役立ちます。

④保護者との学びの共有

保護者の困り事から始めてもよいでしょう。期待し求める性教育の実践のあり方をともに考える機会を設けることです。実践を参観してもらったり、保護者や地域に向けた通信で、実践や子どもの反応を発信することによって、おとなの学びが広がることもあります（詳しくは第2章をご参照ください）。

⑤地域に開かれた学び

地域に開かれた、性に関わる研修や実践紹介の場があることも重要です。地域のおとなの学びになることももちろんですし、何か問題が起きた時に相談できるおとなを増やすためにも必要です。

⑥自己研鑽のために学習会等に参加

学びをより深め、広げていくためにはひとりでは限界があります。職場の仲間を誘って研修会などに参加しましょう。行政機関の男女共同参画や暴力防止のための保育者や一般向けの研修があります。地域の広報等で確認できます。現場からの要望は行政機関にとっても地域のニーズを確認できることになりますから、性に関わる研修をリクエストするとよいでしょう。民間団体のひとつに、"人間と性"教育研究協議会・乳幼児の性と性教育サークルがあります。ご参加をお待ちしております。職場の仲間との学び合いや、こうした職場の外の研修会などに参加して学ぶこと、必要な本を読むことなどによって、性教育の理念や実践は確かなものになっていきます。

「コロナ禍」の今、性教育への関心が高まっています。それは一見、良いことのように思います。ただ、子育てについて「こうあるべき」という理想や少しでも早く教えなければというプレッシャーもますます強まりつつあるなかにあって、性教育もその流れのひとつに位置づけられ、不安を煽るような情報や商業主義的な取り組みが増えつつあることに危うさも感じます。性の学びは誰もが当事者です。子どもが人生のはじめに出会う専門職が保育者です。関わり方が子どもの人権に関係しているということを、保育者の課題としていきましょう。とはいえ、肩の力を抜いて、ともに模索を楽しみましょう。

3 園の子どもたちの日常と、身につけてほしいこと

藤田淳志

　保育園で入所の面談や子育て相談を受けていると、「赤ちゃんが寝てくれない」「離乳食ってどうやって作るの？」「産んで初めて赤ちゃんを抱きました」など、育ってくるなかで乳幼児と関わる経験がなく、どのように関わっていいかわからないという保護者に出会います。加えて、祖父母も忙しくてサポートしてくれない、サポートできても"ちょこちょこ動きまわって手に負えない"と、すぐに親に戻される。そんな環境の中で育つ子どもたちの、保育園での姿だけ見て関わっていても、子どもの育ちは支えられない、問題の解決にはいきつかないのではないか。また教育の不確かさから精神的にも金銭的にも貧困が生まれ、その再生産が繰り返されるのではと考えた時に、子どものことをその子の保護者だけに任せてはおけない、そうであれば保育現場でできることを考え直さなくてはなくてはならないと考えました。

　そんな頃、乳幼児の性と性教育サークルとの出会いがありました。生きていくための知識と経験を身につけていく方法を乳幼児期の性教育として考えていこうと思いました。

　ただ、私がこれまで学んできた性教育は、思春期を迎える頃、保健体育という授業で学んだ、性器の名前とその機能を教わり、男女別々のクラスでの授業でした。必須科目というよりおまけ科目で、性に関する教材は友だちや兄弟のもっている情報を駆使しての学びや想像によるものだったように振り返ります。そういった私自身の経験も含めて、乳幼児期に子どもたちが身につけてほしい、あるいは学ぶ性について書かせていただきます。

生きていくためのスキルはどこで学ぶのか

　例えば、言葉、食事、清潔やからだを動かす方法はどこで学ぶのでしょ

うか。または、誰が子どもに教えるでしょうか。多くの方は「家庭」とか「お母さん」という具合に、その子に必要な生活のことは保護者が教えると考えるのではないでしょうか。それは教えなければならないから教えるというよりは、お腹が空いて泣くから、おむつにおしっこが出て気持ち悪くて泣くから、眠らないからあやして落ち着かせて眠りに誘うというように、必要に迫られて行っていることのなかで、自然と子どもが身につけていく部分も多いように思います。

しかし最近では、「前の保育園でおむつを外してもらっていません」などと、生活に関することが誰か任せになっている保護者がいます。そういう時、保育現場では保護者と話しながら、今はできなくてもそのうちできるようにと考え、サポートしながら少しずつ保護者が興味をもてるように、また興味をもった時に見様見真似でもできるように、方法を伝えます。寄り添ううちに保護者が"やれた""やった"と感じられるようになればよいと関わっていきます

では、必要に迫られていない"性"についてはどう考えればよいでしょうか。

「先生、赤は女で、青が男だよ」

ある時、保育室に入って話をしていると、園庭から戻ってきた子（3歳）が私の隣に座りました。私が赤色のジャージを着ているのを見ると「先生はなんで赤色着ているの？」と、真顔です。「先生は赤色が好きなんだよ」と答えると、「えっ、そんなのおかしいよ。赤は女で青が男だよ」と話してくれました。

ここ数年、私自身のアンテナが張っているためか、"色で男や女を分けるなんておかしいね？"と思ったものの、そのときは「そうかな？」と、答えを濁しました。2歳クラスの子でもこんなふうに既に色で性（別）に関する認識をしているということに驚きました。事務所に帰ってこんなことがあったと話してみると、聞いていた先生たちは"ふーん"という感じ（忙しかったのかな？）。

保育園では、数年前から職員会議でも子どもの名前の呼び方や、子どもたちの持ち物などに使うマークの色使いについて"性差を感じないように"考えていこうと確認してきました（自治体が行う監査や、第三者評価などでもよく聞かれる問いになっています）。

しかしその職員会議をしたクラスの壁面には、男の子には青色、女の

子には赤色のリボンの付いた誕生日のカードが貼ってありました。

クラス担任は会議の中で取り上げられたことで、会議後あわてて外していましたが、“なぜ悪い？”というような表情からは、あまり意図が通じていなかったようでした。そして数年を経て今回の2歳児クラスの子どもの言葉に衝撃を受けたのでした。

まわりの影響を受けて子どもは育つ

十数年前、保育園でお医者さんごっこのような遊びの中で、5歳児クラスの男の子が女の子の性器を見たということが大きな問題になりました。「(その子が)将来犯罪者になる」と、女の子の保護者が訴えてきました。当時私は“子どもたちが男と女の性を理解し始めるのは4歳くらいで、それまでは男とも女ともわからないから、そんなに目くじら立てなくても大丈夫。着替えだってそんなに性を意識しなくてもいい”と考えていました。

しかしこのごろは、この10年前の対応が違っていたら、「赤は女で、青が男だよ」という言葉はどう変わっていただろうかと考えます。10年前の私が、性について学んでいたら、園でお医者さんごっこの問題が起きた時、子どもたちや保護者にどう答えていたでしょうか？

・子どもが異性（自分と違う性）について興味をもっているから、これを機会にみんなでからだについて学びませんか。
・興味が広がっていることはうれしいことだけど、他人のからだを見るのはどうなんだろう？　相手はどう思っていたか考えてみよう。
・相手のプライベートゾーンを守ることは自分のからだを守ることだよ。
・被害者の親として相手を攻撃したい気持ちはわかるけど、子どもたち2人の間は加害者と被害者という関係だったのでしょうか。

このように2人の関係について一緒に考えることができたら、もう少し保護者の怒りは変わっていたのでしょうか。

良いか悪いかではなく、一歩踏み込んでこのことについて考えていたら、そこに関わった親子や職員は少し違う感じ方や考え方ができたのではないのか。その時に他者や性（差）について考えることができる職場になっていたら、“子どもたちが好きな方の色を選んだ”とか、“好きな色の画用紙で誕生日カードを作ってみたら、あの子が意外な色を選んだ”と、何らかの発見があったのではないかと、そんなふうにも考えてしまいます。

そういう園の環境であったら子どもたちも「へえ、先生レッド（赤色）好きなんだね。○○ジャーだね」と、男の子／女の子色みたいなものにとらわれず、"自分で選んだその色似合ってるね""その色が好きなんだね"と、その人のことを受け止めたのではないかと考えます。

おとなの考え方で子どものあり方が変わっていいの？

実際、"男も女も関係ない"と思っていた時には、プールでの着替えでは子どもたちは全裸になって走り回り、友だちからきゃーきゃー騒がれても、にこにこして繰り返している子がいました。

しかし、いくら小さくても見られたくないと思う子もいるし、まわりから見える場所にシャワーがあることから、シャワーのまわりにカーテンを付けて1人ずつシャワーができるようにしました。すると、何気なく自分の番と思いカーテンの中に入ろうとした友だちに「見ないで！」と声がかかります。かけられた方も"あっ、ごめん"という雰囲気でカーテンを閉めています。

数年前には、全裸で走り回っていたのと同じ年齢の子どもたちがそんなふうに変わっているのです。今も部屋で全裸になってからシャワーで汗を流し、服を着替える園もあるかもしれません。どちらが良い悪いということではなく、それだけ子どもたちは環境に左右されているということです。

学ぶのは“人にからだをさらすことが当たり前”か、“私（僕）のからだは私のものだから人に見せびらかすものではない”かではないでしょうか。からだの主役は子ども自身ですから“見せびらかすこと”と“隠すこと”のどちらを選択してもよいのですが、選択させるならどちらのやり方も提示したうえで選択できるようにする必要があります。

　おとなの都合で“シャワーはこのやり方”と、子ども自身が選択することを奪った時に、子どもは自分のからだのことをおとなの考え方・やり方に委ねてしまっていることになります。子ども自身の気持ちが尊重されず、“子どもなんだから恥ずかしいとか見せたくないとかそんなふうに考えることはおかしい”と強制されたり、自分がしたくないと思うことと違う答えを導き出されたりすることになります。

　「あ、いけないんだ」という言葉を、４歳児と遊んでいると聞くことがあります。友だちがしてしまったことに注意を向けてくれる子がいることには賛成です。しかし、この後「先生に怒られるよ」と、付け加わることがあります。いけないと教えた子は友だちのやったことの意味を理解し、みんなで決めた約束事を破ったから「いけない」と教えているのではなく、“それをすると先生が怒る”から「いけない」と、教えていることがあるのです。ひょっとしたら、先生が怒るようなことをした悪い友だちと、怒らせるようなことをしていない自分との違いを指摘しているだけなのかもしれません。

　こうなってくるとおとなの考え方や価値観はとても重要です。おとなのいいなりの子どもを、おとな頼りの子どもを育てるのではなく、自分で理解しながら自分で判断して答えを出す、いわば自立、自律する子どもを育てることにも、つながっているのかもしれません。

自分の思いを出せる子

　乳幼児期に学んでおきたいことは“自分の思っている気持ちを素直に出せる力”ではないかと考えます。それは、人がどのように言っても楽しいことは楽しい、いやなことはいや、悲しいことは悲しいと表現できることではないでしょうか。

　自分の着ている服について友だちにいろいろ言われても「これが好きだから着ているんだよ」と思えること、言えること。そしてそれを友だちも「そうなんだね」と、受け止めること。悲しい時には悲しいと感じて泣いたり、怒ったり、気持ちを切り替えたり、そんな自分の思いをき

ちんと表現できることは大切なことではないでしょうか。

　ここで敢えて"表現"としているのは、言葉にするだけではなく、表情や仕草で表すことも含むものと考えているからです。ただし、言葉以外の表現にはそれぞれ受け手の勘違いや思い違いもありうることから、本当にいやなこと、うれしいことは言葉にしてはっきりと言えることは自分の身を守るために大切なことだと考えます。

　乳幼児への性的虐待の事件が明らかになってきています。とても状況が見えにくい行為で、とても残念なことです。周囲のおとなが気づかなければならないことですが、四六時中一緒にいられるわけではないことから、実際にはむずかしいです。子どもの変化に気づけるように日々を過ごすことが大切ですし、小さなことでも本人の意見を聞き、本人の意思を出せる関わり方を意識することが必要だと考えてます。

自分を大切にできる子

　自分の思いを出すことに躊躇してしまう子もいます。

　生活の中で一緒にいる保護者に気持ちを受け止めてもらいながら、子どもたちは成長していきます。泣きだす赤ちゃんの様子から"お腹がすいたかな？"とミルクを与えたり、お腹がすいていないなら、おむつが濡れたかな？ときれいにしてもらってすっきりした気持ちになるという世話の一つひとつに、応答の意味があります。また自分の要求に沿って一緒に遊んでもらうことで気持ちを通い合わせ、その中で子どもは自分の存在を受け止めてもらえていると感じ、安心して自分を表すことができます。

　しかしこのことがむずかしい家庭も見られます。そこで第三者である保育園や幼稚園などでのおとなの力が必要になります。保護者の代わりに日中関わりながらその子を受け入れ、認めながら、一人ひとりが自信をもっていけるように関わります。昨今も目に見えないウイルスの影響で手洗いの重要性がいわれます。クラスで皆に絵や写真などを用いて指導することに加え、一人ひとりその子の状況に合わせて指導をします。こういうふうに考えていくと、子どもが身につける生活上のいろいろなことは既に保育園に任せられているのではないかと思うくらいです。

性教育は生教育

　"乳幼児期に性教育"といわれても、何をどこから始めたらよいのか見当がつきません。そこで"歯磨き指導"や"手洗い指導"のように、普段から行っているものを改めて子どもたちと一緒にやってみた時、その延長線として「男の子はどんなふうにおしっこしてるの？」「女の子は終わった後どんなふうに拭いてますか？」と、一緒に考えていくのはどうだろうと考えています。乳幼児期にも「性」が特別ではなく、今まで見落としていたものもおとなの意識を少し変えてみるだけで、子どもの姿は変化してきます。

　５歳児に性に関する絵本を渡してみました。男女の裸や、赤ちゃんが生まれてくるシーンまで描かれていますが、「きゃー」というような雰囲気はなく、真剣にじっと見入っている感じです。時々「何て書いてあるの？」と聞いては見入っています。２、３日は時々出しては自ら見ていました。折にふれおとなが意識して手に取れば、何らかの反応があるのではと思います。ご飯を食べるように、寝るように、遊ぶように、いろいろなことが身の回りにあれば、それが子どもたちの当たり前になっていきます。思春期になって性への関心が高まってからではなく、乳幼児期から、自分と違う存在がいるということや一人ひとり違いがあることが当たり前であると認識できれば、それはその子の価値観になっていくのではないかと思います。

おとなは乳幼児期の学び直し

　子どもたちは柔らかい頭で、"はじめて"のことに興味関心を抱いて自分の中に取り込んでいくのが上手です。例えば「性器の名称」でも、そういう名前があるのかと受け入れていきますが、問題は保護者です。「おちんちん」や「おまた」が当たり前の保護者にとっては、子どもが「ペニスが……」と言い出すと、"突然どうしたの？　保育園で変なこと（？）を教えないでほしい"と反応する保護者いるかもしれません。

　保護者自身は性教育を受けていません。子どもが覚えたことに蓋をしてしまうかもしれません。そうならないように保護者にも予測や予習が必要です。とはいえ、「何から？？」です。ここはとても重要です。

　子どもが知っていてもおかしくない言葉や行動を保護者もともに知

り、親指を「お父さん指」ではなく「親指」と話すのと同じくらいに、「ペニス」や「ワギナ」にしていければいいのかと思います。

　保護者が知っている現実と大きく（？）異なるので拒否感の強い人、反対に"そうなんだ"と妙に納得する人、さまざまな状況が見えそうです。おむつ外しと同じように、保育者が勝手に始めるのではなく、保護者と一緒に進んでいける関係づくりをしながら"近親者からの性被害"もあるという事実や、性的な違和感や心とからだが異なる人がいるという現実を示しながら、自分たちの知らない現実を受け入れていく訓練を一緒にやっていく必要がありそうです。

　生活の中に隠れていたその子の現実を改めて見直し、自己発揮しながら大きくなっていく子どもたちの日常に、性教育を学んでこなかったおとなが性教育を学び直し、子どもと同じ目線で一人の人としてリスタートしていくことが大事なのではないでしょうか。

社会福祉法人いずみ苗場の会 苗場保育園

1981年　1月に無認可の保育園として子ども1人、職員1人で設立。地域の子育て家庭の駆け
　　　　込み寺のような思いで、地域の子育て状況をくみ取りながら、病児・病後児事業
　　　　や障がい児の学童保育、障がい者の作業所を開設。
2002年　近隣の障がい者の作業所との関わりから社会福祉法人を設立。
2004年　新たに認可園としてスタート。
定員　　0～5歳児までの6クラス、74名の子どもたちが元気に通ってきている。
保育理念　「すべての人々はこの世に必要があって生まれてきている」という理念のもと、
　　　　「よく食べ・よくあそび・育ちあう」の3つの柱を方針として保育を行っている。

性器をどう呼ぶ？

艮 香織

　ある保育園で4～5歳の子どもたちを対象に、性教育のセッション（お話の時間）をしたときのことです。からだの部位の名前を音楽に合わせて学ぶということをしました。その中には性器の名称も入ります。「からだはすべて大切で名前があるんだ」ということを学ぶのですが、上から下に順番に名前をたずねるのがおへその下あたりになると、子どもたちが騒ぎ始めました。みんなが「ちんちん！」等と、大声で笑いころげながら言います。けれど、女の子の性器の名称を聞くと、今度は少し静かになり、しばらくしてからひとりの子が迷いながら「あそこ」と言いました。このセッションでは「笑っちゃダメ」と注意したり、否定はしません。ただ4～5歳ですでに男の子の性器については笑ったりふざけたりしてよい、女の子の性器には名前がないということを学んでいることに改めて気づかされました。

　その後、性器を含むからだの名前を学んだ後に、お風呂に入ったときの洗い方やトイレでの拭き方、おとなになっていくからだのこと等を、絵本を使ったりしてひととおり学びました。最後に再び音楽に合わせてからだの名前を確認すると、冒頭のような騒ぎはなくなっていました。

性器の名称は、おとながどのように性を捉えているかの表れ

　自分のからだの名称を知るということは、自分のからだは自分で整え、誰にも侵害されないという感覚、つまり「わたしのからだはわたしのものだ」という、権利を保障するための大切な柱であるといえます。こうした感覚を、英語では bodily integrity とか、bodily autonomy といいます[*]。からだの保全という意味です。

　そして、性器の名称やその扱われ方には、その国や社会が子どもや性をどのように捉えているかが表れます。たとえば、オランダでは国立カリキュラム研究所が性教育の「学習ライン（指針）」を出しており、「身体的発達と自己イメージ」の内容で、0～4歳では「性器を含み、からだの部位の名称を言える」が、4～6歳では「性器を含み、からだの部位の名称を言える」「性器を含み、男の子と女の子の違いを言い表すことができる」といった内容が含まれています[**]。このときの性器の名称は、おとなが使うのと同じ科学用語です。これはイギリスやアメリカの絵本などでも同様です。

　日本ではどうでしょうか。小学校の教科書からうかがい知ることができます。日本語ではペニスは「陰茎」、クリトリスは「陰核」、性毛は「陰毛」と表現されてきました。「陰」というネガティブなイメージではない名称をとの発想から、性教育元年といわれる

1992年前後から、男性器を「ペニス」、女性器を「ワギナ」と呼ぶ実践が増えました。小学校の教科書でも、1996〜2002年には「いんけい（ペニス）」「ちつ（ワギナ）」と記載されるようになります。しかし2000年前後から始まった性教育へのバッシング（不当な攻撃）によって、2005年度版の教科書検定（小学校）では、ペニスやワギナは「学術用語でないため不適切」とされ、削除されました。[***]

　このような状況でも、性教育を実践している先生はおり、世論においても性教育の重要性への理解が広がってきました。確実に変わりつつあるものの、実践のしづらさがあるのは確かです。

実践をつくる過程も大切な性の学び

　それでは、乳幼児期の性教育を実践するとなったとき、性器をどう呼べばよいのでしょうか。これは実践者や学ぶ対象によって異なります。性別にかかわらず「性器」と統一する場合もありますし、女の子は「ワギナ」「おまた」「おちょんちょん」「女の子の性器」「バルバ」、男の子は「ペニス」「ちんちん」「男の子の性器」「金玉」等々の呼び方があります。内性器と外性器全体を表す言葉と、特定の部位を表す言葉が混在していたりと実にさまざまです。地域によっても異なります。

　また、おとなになってもずっと使える科学用語を教えるという実践もありますし、子どもの口にしやすさや、社会で広く使われている言葉を使う実践もあるでしょう。

　固定した唯一の正しい名称・呼び方があるわけではありません。それぞれの実践で、子どもの現状があります。大切にしたいのは、どのような用語を使うかという選択には、前述したように、おとな（実践者）が、子どもを、そして性をどのように捉えているのかというスタンスが表れているということです。ある用語を使用したから「新しい」「理解がある」「学術的で正しい」ということではないのです。

　ただ、性器の呼び方にある、アンコンシャス・バイアス（無意識の偏見や思い込み）は、自分だけでは気づくのがむずかしいことがあります。そのため、子どもが自らのからだをポジティブに捉えることができ、セルフケアにつなげることができるような呼び方とは何か、保護者や保育者間で話し合って、選択していくとよいでしょう。この過程が、実践そのものと同様に、とても重要です。こうした積み重ねが、この社会で人権としての性の捉え方を確かなものにしていくことにつながっていくのではないでしょうか。

＊　　「身体的完全性」「身体的統合」と訳されることがあるが、これらの訳語は「不完全性」「不統合」が想起される。ここでは「からだの保全」と訳したい。

＊＊　リヒテルズ直子著『0歳からはじまるオランダの性教育』日本評論社、2018

＊＊＊茂木輝順「日本」、橋本紀子他編著『教科書にみる世界の性教育』かもがわ出版、2018

4 「子どもの権利条約」と 乳幼児の性教育

白坂 岳

　性教育を学び始めたとき、現場の先輩職員から「児童養護施設におけ る性教育は、権利の再獲得である」と教わり、その言葉が今でも私の中 に強い印象として残っています。

　さまざまな場面で、いろいろな人と性教育に関する議論をしてきまし た。中には、「性教育など必要ない」「性教育をすることで性への興味が わき、歯止めがかけられない」と、性教育自体を否定する方も少なから ずいました。実際に、児童養護施設向けの研修で、性教育についてどう 考えるかを質問したときに、「生命の誕生を教えることは、自分の誕生 に向き合うことになり、入所児童が不穏になる可能性がある」「避妊を 教えることは、性交渉を容認することになる」という声もあがりました。

　権利に関しても同様ではないでしょうか？「子どもに“権利”を教え ることで、権利ばかりを主張し、わがままにやりたい放題になってしま う」「権利を盾に、何を主張するかわからない」こういった声も、何度 か聞いたことがありました。

　ここでは、「子どもの権利条約」の中身を紐解き、整理しながら、性 教育についての私なりの考えを書いていきたいと思います。

子ども観が根本的に変わった国連・子どもの権利条約

　1989 年 11 月 20 日の国連総会で、子どもの権利条約が採択されま した。1948 年に世界人権宣言が採択された後、人権に関するさまざま な条約が採択されてきましたが、これまで弱い立場にあった子どもに焦 点を当て、また、子どもの意見を尊重し、子どもを参画させるというこ とが明言されたのが、子どもの権利条約です。

　日本にはもともと、1951 年に制定された児童憲章があります。戦後 まもなくして、こういったものができたという点は非常に評価できると

思いますが、子どもの権利条約と児童憲章では大きく異なる点があります。

　児童憲章の詳細はここでは避けますが、「導かれる」「与えられる」といった表現が多く使われており、子どもの主体性を大切にしているかと問われたら、そうとはいえません。どちらかというと、子どもを受け身の存在として捉えています。子ども自身の気持ちや、「〇〇したい」といった意思は、さほど注目されていないのです。

　子どもの権利条約は、第12条で子どもの意見表明の権利が明記されています。それに加えて、自由な方法でいろいろな情報や考えを伝え、知る権利があることを明言した第13条（表現の自由）、第17条（適切な情報へのアクセス）では、子どもは自身の成長に役立つ情報を手にすることができる権利主体として位置づけられています。第12条を担保するものとして、表現の自由、情報の自由、そして、第15条にて「集会・結社の自由」が保障されたことを考えると、これまでの子ども観の権利の享受主体から行使主体へと根本的に変わってきたのです。

国連・子どもの権利委員会と、乳幼児の性教育

　子どもの権利条約の実施状況を国際的にチェックしている機関として、国連・子どもの権利委員会（以下「委員会」）があります。この委員会が第40会期（2005年9月12日〜30日）、「乳幼児期における子どもの権利の実施」に関する一般的意見7号を採択しました。「特に権利を侵害されやすい立場」にある乳幼児期の基本的な人権の保障について明確に記載されています。

　子どもの権利条約でさす子どもの対象に、乳幼児ももちろん入っているのですが、情報へのアクセス（知る）、意見表明等の権利の対象となると、一般的には小学生以降をイメージしやすいかと思います。子どもの権利委員会はその点に着目し、冒頭部分で「乳幼児は条約に掲げられたすべての権利の保有者である」と提言しています。乳幼児を「独自の関心、興味及び視点を持った、家族、コミュニティおよび社会の積極的構成員として認められるべきである」とし、「その権利を行使するために、身体面の養育、情緒面のケア及び配慮のこもった指導、ならびに、社会的遊び、探求及び学習のための時間及び空間を特別に必要とする」と明記されています。家族、学校等の地域資源が、乳幼児期の健やかな発達のために適切な支援を行うことも明記されています。

「Ⅴ　乳幼児期のための包括的政策プログラム　28〜33」では、乳幼児の教育について明記されており、特に30では、「すべての子どもがもっとも広義の教育を確保するよう求める」とあります。

　子どもたちは、自分が育つ環境の中で、スポンジのようにたくさんのことを吸収していきます。その中で必ず「なぜだろう？」にぶつかります。人間の性でいえば、自らの誕生やからだ、心の変化について、これらに関心を示すことは発達上自然なことです。むしろ、知的な探求心をはぐくむことに、私たちおとなが援助していく役割があります。そう考えると、権利の学びとともに、性教育を充実させ、子どもたちにきちんと説明をしなくてはいけないでしょう。

　しかし、現在の日本では、教育現場で性教育を行うこと自体が敬遠されている現実もあります。

むしろ必要な正しい知識の伝授

　性教育を問題視する声が毎回あがるのは、性の科学的な知識や避妊を教えることで、性行動が早まる、いわゆる「寝た子を起こす」という主張によるものです*。しかし、誤った情報も数多い現代社会の中で、むしろ正確な知識を伝えていく必要があるのではないでしょうか。

　現代の子どもたちは、スマートフォンやパソコンを通じ、さまざまな情報に"容易に"アクセスが可能です。また、自らが検索をしなくても、不特定多数のメールアドレスやSNSをターゲットに、さまざまな情報が発信されています。機械がランダムに組み合わせたアドレスに送られるメールの、記載されたURLへアクセスがあると、それが"生きているメールアドレス"となり、裏でそのメールアドレスが売られ、そこに対して大量のメールが送られてきます**。そういったところから、間違った性の情報を入手できてしまうこと、性の買売につながりかねない現状があります。

　もっと身近なところでは、アプリやサイトの広告に、性描写のある漫画や写真が使われていたりします。現代の子どもたちはすでに、大量の性の情報にさらされています。これらの情報は"おとな"がお金儲けのために、"子ども"をターゲットに作り上げたものなのです。

　こうした現状をふまえると、科学的で必要な性知識を伝えるのは、おとなの義務であり、子どもを守るためにも不可欠なことだと思います。

　子どもの権利条約で大きな課題としては、「適切な情報の入手（17条）」

*
性教育が「寝た子を起こす」という実証はなく、例えばオランダでは正しい性教育によって性体験の開始年齢が遅くなり、望まない妊娠が減るなどのことがわかっている。

**
私自身、SNSやインターネットの怖さを教えるために専用のアドレスを持っているが、このアドレスにはポルノ情報のほか、借金の勧誘や広告のメールが大量に届く。

と、ありながらも、間違った性の情報が飛び交い、また、反面で、正し
い性教育を提供する場が少ない（制限されてしまっている）ことです。
子どもを守るというおとなの義務も果たされていませんし、学びたいと
思ったときに学べる環境が少ないというのは、子どもの主体性が尊重さ
れているとはいえません。

性教育は " 人とともに " 生きる教育

　新任の児童養護施設の職員に、性教育のイメージを聞くと、「性交渉」
「避妊」「HIV」「人工妊娠中絶」という答えが多く返ってきます。性交
に伴い生じるリスクを教えることが性教育というイメージなのかもしれ
ません。もちろんそれらも必要な性教育のひとつですが、性教育は、もっ
と包括的なものであると職員には伝えています。
　ピラミッド型で表すとしたら、性交渉は性教育の中でもいちばん上位
に位置する項目ではないでしょうか。性交渉には必ず相手がいます。自
分のことだけでなく、相手のからだのことや気持ちにも目を向けなくて
はなりません。
　まずは子どもたち一人ひとりが、自分に興味をもち、自らがかけがえ
のない大切な存在であることを実感することから始めることが必要で
す。自己の尊重から、相手の尊重へと展開できるよう、性教育を考える
必要があります。そう考えると、中高生はもちろん、もっと幼い頃から
からだに関心をはぐくむ性教育をはじめ、包括的に性と生を学べるよう
なしくみが必要になってきます。

からだへの関心という点で例をあげると、遊びで手足をよく使っていたり、保護者や保育者と手をつないだりすることが多い子は、お絵かきの時に手足の指までもがしっかりと描かれます。自分の指先にまで興味・関心が行き届いていることを表しているのだと思います。

　子どもたちが育っていく中で、「なんで赤ちゃんが生まれるのか＝自分はどうして生まれたのか」「なんで自分とお母さん（お父さん）とでからだの作りがちがうのか」と興味がわくのは、自然なことだと思います。その機会を子どもの自己理解を深めるチャンスとし、正しい知識を伝えていく必要があります。

　私たちの施設では、幼児期から性教育を開始しています。幼児に関しては、性への興味・関心の土台作りと考え、一般的なプライベートゾーン（パーツ）やパーソナルスペースを、楽しみながら覚えられるようにしています。手洗いの歌等も入れながら、からだのいろいろな部分に興味・関心が向かうようにしています。性器だけでなく、からだのすべてが大切なものであり、一人ひとりが大切な存在であることを認識するための土台作りです。

　最近では、LGBTのように、「男性／女性」だけでない性の多様性についての関心や意識が広まりつつあります。まずは自身の「身体の性」に目を向けておくことで、将来的に「心の性（性自認）」「好きになる性」へ展開することができます。LGBTの人々は、左利きの人と同じ程度いるといわれていますから、他者を尊重すること、科学的に自分の性と相手の性を認識することは大切だと考えています。

　日本では、まだまだ一部の有識者を除き性教育は敬遠されていると思います。これだけいろいろな情報が飛び交っている現代社会で、必要な性知識を伝えることが"不適切"とされるのは疑問が残ります。おとなが作り上げた社会から、子どもを守らねばならないのではないでしょうか？　まずは私たち専門職が、性教育の必要性を認識し、現場で広げていくことからだと思っています。

社会福祉法人友興会　児童養護施設クリスマス・ヴィレッジ

定員　78名（本園54名、地域小規模児童養護施設4か所各6名）
さまざまな事情により、家族による養育が困難な2歳から20歳の子どもたちが、6～8名のユニット（乳幼児、女子、男子）に分かれ生活している。子ども時代をかけがえのない大切なものと考え、一人ひとりの子どもが「愛されている」という実感のもてる関わりを追究し、子どもたちの自立を支援している。

第2章

どんなふうに実践する？

〈実践編〉

1 子どもを真ん中に、職員と保護者がともに

芳尾寛子

ちゃんと向き合えば伝わっていく

　今から20年以上も前のことです。2歳児の担任をしていたときに保護者から「わが子が、小学生のお兄ちゃんたちの間で流行っているカンチョー（指を忍者のように立てておしりの穴を指す行為）を見てまねしてしまい、どう注意してもやめない。どうしたらよいでしょうか」と相談がありました。まねっこが大好きな2歳児です。その相談とともに、園でもあっという間にカンチョーが流行ってしまいました。

　「だめだよ」「お友だちがいやって言っているよ」と保育士が声をかけても、他の遊びに促しても、園でもなかなかやめません。"なぜ、カンチョーをしてはいけないのか"という理由をきちんと考え、伝えた方がよいのではないかと思い、お昼寝前に子どもたちにお話ししてみることにしました。

　「今日はみんなにとっても大切なお話をするよ。あのね、おしりには、大切な穴があるんだよ。ひとつは、うんちが出る穴。もうひとつは、おしっこが出る穴。女の子は赤ちゃんが出てくる穴もあるんだよ」と、からだの大切な役割を伝えました。子どもたちは「赤ちゃん出てくるの？」と、ものすごく真剣に話を聞いていました。「カンチョーをするとどうなるかな？」と問いかけると、「だめー」「うんち出なくなるー」「赤ちゃん出なくなっちゃう」「お友だちいやー」等々、思い思いに考えたことを一生懸命に子どもたちは話してくれました。

　その後、子どもたちはカンチョーをしそうになると、「あ！　だめだめ」と自分でやめようとしていました。その様子を保護者たちに伝えると「ちゃんと子どもと向き合って話していけば、伝わっていくんだね」と、一緒に喜び合ったことがありました。

　自分のからだのしくみを知って、自分と友だちのからだを大切にする

ことを学ぶ「性教育」のひとつの実践です。子どもの今ある姿から出発し、子どもを真ん中に、園と家庭とが一緒に取り組んでいく豊かな「性教育」をめざしていきたいものです。保育の現場では、こうした性教育の機会に、実はたくさん遭遇しています。

性教育を学ぶきっかけと取り組み

「性教育は大切だ」と感覚的にはわかっていても、それをどうやって保育の現場で進めていけばよいのか、悩みます。

私の園では、職員がある性教育の研修会に参加したことがきっかけとなりました。参加した職員が「乳幼児の性教育って大切！　性教育は人権に関わるとっても大切な教育だということがよくわかった！　絶対に職員皆で学んだ方がいいと思う」と職員会議で報告すると、ぜひ学びたいという声が多数上がりました。すぐに講師だった浅井春夫さんに園内研修で来ていただき、職員で共通理解を図りました。「これは法人全体で学んだ方がいい」と感想がまた多数寄せられ、翌年は法人の管理職研修を企画しました。

まずは、何事も職員の理解が要です。乳幼児の性教育のことがわかりやすく書いてある本『あ！そうなんだ！　性と生』[*]を各クラスに1冊、それ以外にも関連本や絵本等をたくさん購入し、身近に性についてふれられる環境の工夫もしました。

*
浅井春夫・安達倭雅子・北山ひと美・中野久恵・星野恵子編著、勝部真規子絵『あっ！ そうなんだ！ 性と生』エイデル研究所、2014

2020年度の園の単年度事業計画の重点項目には「人権・平和・ジェンダー平等の保育の推進」を掲げ、「乳幼児の性と性教育」を意識的に取り組んでいくことを決めました。園の方針としてきちんと取り組む姿勢を示した方が、実践が深まると考えたからです。保育所保育指針第2章4（1）カ「子どもの性差や個人差にも留意しつつ、性別などによる固定的な意識を植え付けることがないようにすること」も根拠に保護者にも書面で説明し、各クラスの年間、月案の中にも加えました。

例えば、乳児クラスでは「おむつや着替えをする際は必ず子どもに『取り換えさせてもらうね』と声をかけてから行うようにする」等、園児のプライ

2020年度　事業計画　社会福祉法人あおぞら　あおぞら谷津保育園
重点項目E　　人権・平和・ジェンダー平等の保育の推進

参考）　厚生労働省「保育所保育指針解説」より　　保育所保育指針第2章（カ）

子どもの性差や個人差にも配慮しつつ、性別などによる固定的な意識を植え付けることがないようにすること。

保育所において、「こうあるべき」といった固定的なイメージに基づいて子どもの性別などにより対応を変えるなどして、こうした意識を子どもに植えつけたりすることがないようにしなければならない。子どもの性差や個人差を踏まえて環境を整えるとともに、一人一人の子どもの行動を狭めたり、子どもが差別感を味わったりすることがないよう、十分に配慮する。子どもが将来、性差や個人差などにより人を差別したり、偏見をもったりすることがないよう、人権に配慮した保育を心がけ、保育士等自らが自己の価値観や言動を省察していくことが必要である。

男女共同参画社会の推進とともに、子どもも、職員も保護者も一人一人の可能性を伸ばし、自己実現を図っていくことが求められる。

ベートゾーンを保育士が見て対応していくことの重みを、保育士がしっかりと捉えて保育していくこと。「トイレでは性別にとらわれず、自分で場所を選べるようにする。座位でも立位でも子どもの意にそうようにする」こと等も記載しました。手探りながらも、子どもたち一人ひとりの人権を大切にしながら、子ども自身が、主体的に自分らしく生活していくことができるようになるために、私たちおとなはどういう配慮をしたらよいのかを、みんなで考えました。

これからはじめる「乳幼児期の性教育」

　2020年度から職員間で研究グループを立ち上げ、2か月に一度、昼の時間（1時間半）に集まって実践を持ち寄り、研究をしながら実践を深めています。

　先の『あ！そうなんだ！　性と生』と『性と生の支援』[*]を各自読んできて、日頃保育で困っていること、悩んでいること、気がついたことを出し合います。「プール前、幼児におしりを自分で洗ってと伝えたら、おしりの後ろの表面だけさする子がいた」「男の子の性器はどうやって洗えばいいの？」「女の子の性器の洗い方もそういえば知らない」「乳児でも引っ張ったり、つまんだりして性器をさわっている子もいる。その時の対応は？」「女の子の性器の呼び方はどうする？」「家庭と一緒に取り組まないとむずかしい」等々、実践課題も出し合って日々の保育に生かしています。

　園では在園児保護者と近隣や関係機関などに毎月「子育て新聞」を発行しているので、そこに研究グループで学んだことを記事にしてコラムに掲載もしました。

　「急に乳幼児の性教育などと書いたら、地域の人もびっくりするかもしれないから、その言葉はしばらくしてから使おう」と、さまざまな考え方の人もいることも大切にしながら工夫しました。1号目は「自分のからだは大切！　いつから自分で洗えばいいの？」をテーマに、性器の洗い方等文献を参考に作成しました。「知らなかった！　次も読みたい！」と保護者からも地域からもとても好評でした。次の号は「乳幼児からはじまる性の学び」にし、プライベートゾーンや性器さわりについても掲載しました。よい文献がたくさんあるので、保護者への発信の際に参考にされるとよいと思います。

　あまり気負わず、疑問に思ったことをみんなで出し合い、文献を調べ、

＊
"人間と性"教育研究協議会　障害児・者サークル著『発達障害の子の子育て相談⑤性と生の支援――性の悩みやとまどいに向き合う』本の種出版、2016

自分のからだは大切！いつから自分で洗えばいいの？

★2〜3歳を目安に性器を自分で洗うことを はじめてみよう！★

子どもは、生まれてしばらくは、身辺のことは保護者が行います。2〜3歳を目安に「（性器は）自分で洗うよ」と声をかけ、入浴時に一緒に入った保護者が自分のからだを洗ってみせて、はじめてみてはいかがでしょうか。

汗や尿などで、「きちんと洗わないでいると、臭くなったり、かゆく（または痛く）なったりするんだよ」と伝えながら、きれいに洗えるように教えていくとよいでしょう。

★自分で洗うことを身に付けること ＝「からだ感（観）」★

入浴時に自分のからだは自分で洗うことを子どもたちが身に付けることはとても大切なことです。それは子どもたちが「からだは自分のもの」ということを実感する「からだ感（観）」のもとになります。

★女の子の洗い方は…？

しゃがんだ姿勢でシャワーやお湯くみで性器にお湯をかけてひだの間を優しく洗いましょう。石鹸を使わなくても、指を使って汚れを落とし、お湯で洗い流せば十分です。

★男の子の洗い方は…？

包皮をからだのほうへ引いて、垢や汚れを洗い流し、包皮をもとに戻すことが必要です。

「自分のからだは、 自分で洗うことが大切なんだね！」

参考）絵本「あっそうなんだ！生と性」エイデル研究所
編著）浅井春夫ほか　絵：勝部真規子
★あおぞら谷津保育園で購入できます。
ご希望の方は保育園までご連絡ください。

乳幼児期からはじまる性の学び〜性と生への第1歩〜

★男の子ってなあに、女の子ってなあに★

自分が女の子／男の子であるということがわかり始めるのは、言葉の獲得時期と重なる2歳頃、ほかの子の性別がわかり始めるのは4,5歳頃といわれます。

★からだへの興味はいつ持ち始めるの？★

乳幼児期からはじまるからだと性の学びは、おとなが意識するしないにかかわらず、すでに始まっています。子どもは、成長とともに排泄や入浴、衣服の着脱などの身辺自立もできるようになります。その過程で自分のからだに興味を持つようになり、おとなのからだとの違い、異性のからだとの違いなどにも気付くようになります。

★プライベートゾーンって…？★

プライベートゾーンとは、具体的には、性器、お尻、胸（下着や水着で隠れるところ）と、口です。

プライベートゾーンは、特別な人や場合にしか見せたり、さわらせたりしないよう伝えるとともに、ほかの人にも同じようにあり、その人の了解なしに見たりさわったりしてはいけないことを伝えましょう。

★性器さわり（子どもの自慰）について★

自慰は人にとって自然な行為です。もちろん、乳幼児にとっても同じことです。子宮の中の胎児の様子でも、胎児は女児も男児も共にかなりの頻度で性器に触れていることがわかっています。自慰はそれほど自然なことなのです。叱るのではなく「気持ちいいよね」と子どもの行為を受け止め、プライベートなところを触るときは人のいない所で触ることや、子どもが夢中になれる楽しいあそびや生活が出来ているのかを見直していくと良いでしょう。

ちょっとしたことで、自慰の頻度が少なくなることも珍しくありません。

参考）絵本「あっそうなんだ！生と性」エイデル研究所
編著）浅井春夫ほか　絵：勝部真規子
性と生の支援　性の悩みやとまどいに向き合う
編：伊藤修毅　著：人間と性教育研究協議会障害児・者サークル
★あおぞら谷津保育園で購入できます。
ご希望の方は保育園までご連絡ください。

一緒に学び合い実践してく、そういった園の気風が「これからはじめる乳幼児の性教育」には必要なのではと思います。

子どもたち一人ひとりが真に大切にされ、子ども自身も自分を大切にし、仲間のことも大切に思う環境をどう作っていくのか。そのひとつに「性教育」は欠かせません。これからも子どもを真ん中に園、保護者、地域みんなと手をつなぎあって、楽しくそして意識的に、実践を積み重ねていきたいと思います。

社会福祉法人あおぞら　あおぞら谷津保育園

定員90名、職員数63名。横浜市から2005年に民間移管。横浜市南部の海と山に囲まれた自然豊かな環境にある。前身は1955年に地域の母親たちの要求から生まれた共同保育。

ジェンダーの視点で園生活を見直したら……

小泉玲雄

「ゴム鉄砲を片手にヒーローの真似をしながら保育園の廊下を走り回り、曲がり角を曲がったところで同い年の女の子とぶつかり泣かせてしまった子ども」

あなたはこのゴム鉄砲を持った子どものことを、男の子と女の子のどちらとイメージしましたか？　それともそれ以外で捉えたでしょうか。このコラムでは、ジェンダーへの勘違いによってできてしまう保育園や幼稚園の大きな落とし穴について考えていきます。

性別という属性が前提になっている私たちの社会

私たちの社会は、どれだけ"女"と"男"という属性に依存したシステムで回っているでしょうか。戸籍・婚姻・契約書・トイレ・服装など、私たちの生活はこの性別という属性をもとに指示され仕切られています。明確に指示されていなくても、知らず知らずのうちにはめ込まれているものもあります。その例として職業があるでしょう。

私は現在保育士として働きはじめて2年目です。女性しか保育士になれないルールはどこにもありませんが、なぜか保育界には男性が極端に少なく、私の園では設立以来私が初めての男性保育士です。このように性別という属性には見えない大きな波——あらがえず、止めることのできない、次々と押しよせる海の波のような——があります。この、見えないけれど確実に存在する波はどこから起こってくるのでしょうか。

この波は、遺伝子情報やホルモンの種類に由来するものではなく、人が事実を誤解したり安直に捉えようとしたりすることから起こるものだと私は考えています。最初のゴム鉄砲の文章でいえば、ほとんどの方が、ゴム鉄砲を持った子どものことを無意識に男の子と捉えたのではないでしょうか。予想されるジェンダーのステレオタイプとして「鉄砲やヒーローは男の子が好むもの」「走り回っているのはいつも男の子」「たいていのトラブルでは、加害者は男の子で被害者は女の子」などがあげられます。

この文章で示されているのはその子の数秒の行動だけにもかかわらず、男の子と決めてしまうのは単純で安直であるといわざるを得ません。これは私たちが長年、性別の属性から学んできた経験によるものです。ただ、このような捉え方で、保育を設定しているとしたらどうでしょう。荷物などの印に使う個人マークやプレゼントの中身、包装のしかた、製作や折り紙の色、並ぶ場所や活動をする順番など、分けようと思えばいくらでも性別で分けることができます。「女の子からどうぞ」とか、「男の子はこっちに並んで」とか。保育者は性差を強調しようとしてやっているのではなく、集団保育において活動

を円滑に進めるためにそのようにしているだけだと思います。

一人ひとりの子どもをていねいに見るために

　子どもが自分の性別について認識し始めるのは3歳ごろからだといわれます。子ども は幼児期から強いジェンダーのステレオタイプを身につけており、興味深いことに小学 生に上がるとこのステレオタイプは一部緩和されるそうです。つまり、幼児期は、性別 に関して外の世界から情報を取り入れて見たものや聞いたものを、そのまま自分の性別 や他人の性別に当てはめていく時期といえるでしょう。この時期に、性別による無意識 の区別が日々行われる保育環境で生活したらどうなるでしょうか。おとなは何の気なし に行っている順番や並びの分け方であっても、子どもは「男の子が先にやるものなのか」 「女の子と男の子は生活のしかたが違うものだ」と捉えてしまうのではないか。これこそ、 見えない大きな波の始まりでもあると思います。

　さらに問題なのは、保育者がその子のことを性別の固定観念で見てしまい、個人とし て捉える視点を見落としてしまうということです

　例えば製作で男の子は青、女の子はピンクの折り紙を使うよう計画を立てたとします。 そこには、男の子の色／女の子の色という考えや、単に男の子は青が、女の子はピンク が好きという考えがあるのでしょう。しかし、個人の視点はまったく組み込まれていま せん。子ども一人ひとりが好きな色はなんなのか、その子が製作で表現したい色はなん なのか、そこを考える過程が抜けています。

　このような保育者の見方は往々にしてあるはずです。年度が始まってもいないのに男 女の比率で新年度クラスの特性を捉えようとしたり、ほめる際に「かっこいい」と「か わいい」を性別によって使い分けていたり。実際に傾向として性別による特性の違いが あったとしても、それは傾向にすぎません。保育者として子どもと生活するのであれば、 性別に関することだけでなく、一人ひとりの子どもをていねいに捉えようとする態度は とても重要なことだと考えます。私自身、性別の固定観念について気をつけることで、 子どもに対して決めつけることをしなくなったと感じます。

　さらに大前提として、性別は男／女の2つだけかということがあります。性の固定観 念に囚われないように意識していれば、自ずと性の多様性についての配慮も必要と感じ るでしょう。むしろ、保育環境の中で性の多様性について配慮することが、一人ひとり の特性を捉えることにつながっていきます。保育者が性について、知識を蓄え自身の固 定観念に気がつくことは、保育全体の質を上げていくこととなるでしょう。

2 できごとをきっかけに「ごんべぇ探偵」で学ぶ

菅野清孝

園の中広場で積木を積み上げて基地を作って、5歳クラスの男の子3人、女の子2人が遊んでいました。その基地の中で、男の子が「おしり検査」をしますと言って、女の子のパンツをおろしていました。

　このできごとを受けて子どもたちにどう対応したらいいのか？

　今までだと……いけないことをしたと言って男の子たちをしかる。女の子たちには個々に呼んでいやなことをされたらいやだと言おうなど、個別的な指導、対応をしていました。起こったことの情報は全体というより関わった職員、学年で共有され、保護者への報告も「今後このようなことが起きないよう気をつけます」といった謝罪が中心でした。

　しかし、"人間と性"教育研究協議会の全国セミナーに参加するなかで、今までのような対応ではなく、どう子どもたちにアプローチしていくかを職員間で考えました。まず、担任はじめリーダー職員と、このできごとが子どもたちにとってキズになるような体験にしないことを共有し、子どもたちの対応と同時に、当事者の保護者に対しての説明をていねいにしていくことを確認しました。PTA役員会、園だよりなどにも、個人情報は伏せながら、経過を知らせていこうと思いました。

職員と確認し合ったこと

　子どもたちがこれから先、友だちとの問題、思春期のからだの変化など性に関わることで悩んだり、問題に直面したしたりすることは必ずあります。そこで子どもたちがどういう選択をするかは、それまで関わったおとなの態度が大きく影響します。

今の時点で少なくても性にフタをするような対応、子どもの心に罪悪感、自己否定を植え付けるような態度は避けようと話し合いました。

子どもたちに具体的にどう話していくか

- 性教育を意識した言葉をどうかけるか？
- 子どもは、怒られた、悪いことをしたなど罪悪感だけが残ると大切なところが伝わらないのではないか。
- オープンな雰囲気を作って子どもたちの関心や知りたいことに答えていくことが大事なんじゃないか。
- みんなの中で話すことでカラダを理解し、自分も他者も大切にすることにつながっていくのではないか。

このようなことを意識しながら、次はどんなふうに具体化していくか、を考えました。そこで夏期セミナーで購入した『あっ！そうなんだ！性と生*』を参考書として持参しました。この本の中身をペープサートで子どもたちの前で再現してみてはどうか？

でも、どのページをどうペープサートで作るかむずかしい、子どもたちが今回のできごととつなげて考えにくいのでは……時間がない中、直接子どもたちに語りかける方が子どもたちの反応を見ながら進められるのでは……と思いついたのが、児童書の「おしり探偵」をモデルにした「ごんべぇ探偵」というキャラクターです。

自らがごんべぇ探偵になり、まずは子どもたちがどれだけ自分のからだのことを知っているか、聞いてみることにしました。子どもの集中力を考慮して、時間は 20 〜 30 分、帰りの時間に設定します。そこを実践の第一歩とし、子どもたちの反応を見ながら、職員間で話し合い、その後の展開を考えていくことにしました。

※1月〜3月まで計6回、ごんべぇ探偵が登場しました。内容は以下の通りです。

1回目　こんにちは、ごんべぇ探偵です！
カラダについて名前を聞いてみました。「あたま」「みみ」「おしり」「ちんちん」「おまた」と、子どもたちから名称が出てきました。

話もよく聞いていましたが、ニヤニヤ笑っていたり、中には顔をしかめたりする子もいました。発言する子は数人でした。

浅井春夫・安達倭雅子・北山ひと美・中野久恵・星野恵編著、勝部真規子絵『あっ！ そうなんだ！ 性と生』エイデル研究所、2014

2回目　オシッコ 立ってする？　座ってする？

　前回、"おしっこ"というワードが出たので、それについて話を広げていきました。話し合いの中で女性の保育士が「小さい頃、立ってしたことあるんだ」と発言すると、子どもたちから「わたしも……」と次々に声があがりました。"言ってもいいんだ"と、子どもたちの興味が解放されたように1回目とは姿が変わり、たくさんの疑問・意見が出ました。

ごんべぇ探偵	子どもたち
「ごんべぇ探偵の歌」を歌いながら登場	（一緒に口ずさむ子もいる） 
ご「こんにちは！　ごんべぇたんていです。この前、トイレに行ったらさ、男の子にごんべえはオシッコ立ってする？　座ってする？　って聞かれたんだ。だから、立ってするよって言ったら、『きもーい』って言われたんだ」	
ご「じゃあ、みんなに質問です。立っておしっこする人、手を挙げて〜」 ご「座ってする人〜」	男子　　（手を挙げる） 女子　　（顔を見合せながら手を挙げる）
ご「女の子たちはどうして座ってするの？　立ってしたことないの？」	ともこ「いやだなぁ〜」 かなこ「ないよ」 ゆり「そんなことしないよ」
担任1「先生、小さい頃、お兄ちゃんのマネして立ってしたことあるよ」 担任2「先生もあるよ、でも足ベチャベチャになった」	
ご「先生たちもしたことあるんだって。みんなホントにないの？」	かなこ、ともこ、ゆり　　（手を挙げる）
ご「うまくできた？」	かなこ「ううん、広がった」 ともこ「下に飛んだよ」 ゆり「私はできたよ！　和式だった」
ご「男の子のチンチンはホースみたいに長いからまっすぐ飛ぶんだよね」	かなこ「弟が自分のチンチン引っ張って伸びたよ」 ひかり「オマタにも小さいチンチンあるよ」
ご「何で知ってるの？」	ひかり「お姉ちゃんの見たから」 ゆう「えー、小さいチンチンあるの初めて知った」 こうすけ「女の子は飛ばないから座ってするのか」
ご「じゃあ、次は男と女のからだの違いを調べてきます！」	かなこ「何で男にチンチンついてるんだろう？」 ともこ「男と女のからだってどうして違うんだろう？」

3・4回目　カラダってどうなってるの？

　男女の性器の違いについて子どもたちに話しました。

　赤ちゃんが生まれるしくみから、地球にいる生き物がどうして広がっていくかなど、長い話をよく聞いていました。そのことでも子どもたちの関心の高さを感じました。

担任たちの話し合い

ごんべぇ「男女のからだの違いを聞かれたから、どう答えようか迷ったよ。子どもたちにどこまで伝えるかはむずかしいな」

担任2「でも、子どもたちは長い話をよく聞いてましたね」

ごんべぇ「今日はインフルエンザで休みが多かったから、次は振り返りにしよう。その次は種の話の続きかな。どう伝えよう……」

　4回目は今までの話の振り返りをしました。それ知ってる、前言ってたよ、という子どもたちの返事もあり、話をよく聞く子どもたちの姿がありました。

5回目　カラダはみんな違う　変わっていく

　子ども・おとな・男・女のカラダの違いを話しました。

　ごんべぇ探偵の回を重ねるにつれ、お家の人に聞く子も増えてきました。その中で、自分のカラダとおとなのカラダの違いに気づいていく子もいました。ごんべぇ探偵も子どもたちのカラダが大きくなるにつれ変化していくこと、一人ひとりカラダが違うことを話しました。子どもからも「顔が同じ人はいないからカラダも違うんだよね！」と結び付けて理解する子もいました。

担任たちの話し合い

ごんべぇ「だいぶいろいろ伝えてきたな」

担任2「今までの話で、自分のからだも人のからだも大切にすることが伝わってるといいんですが……」

ごんべぇ「次はそんな話をしたいな」

　子どもたちから出た質問・疑問にごんべえ探偵が答え、その中で自分のからだは大切であること、人のからだも大切にすることを伝えたいと思い試行錯誤しながらやってきました。

ところが、第5回目の数日後、再び男の子が女の子にパンツを脱ぐように言い、おしりを見るというできごとが起きました。

そのできごとの後での担任たちの話し合い

担任2「男の子2人が女の子にパンツを脱ぐように言って、おしりを見ていたみたいです」

ごんべぇ「そうか……ごんべぇ探偵で自分のからだも、相手のからだも大切にしようという話をこれからするつもりだったのにな」

担任1「やった2人にも、やられた女の子にも伝わっていなかったんですね……子どもってどこまでわかっているんでしょう？」

担任2「1回目のできごとに関わっていた子も、ごんべぇ探偵の話の中で知っていることを発言してますね。人とのからだの違いや、からだは自分で洗う、ということを話すだけでは、"自分のからだや人のからだを大切にする"ということとは、結び付かないのかもしれません」

ごんべぇ「それなら、具体的に、こんなことはしちゃダメだ、という話をした方がいいのかもしれないな」

そして次の日……

ごんべぇ「この絵本『あっ！　そうなんだ！　性と生』を見せて話をしようと思う」

担任1・2「はい」

6回目　触っていいの？　イヤって言おう

　1回〜5回までは、自分のカラダも人のカラダも大切だということを伝えてきたつもりでいました。しかし、子どもたちにとって、おしりを見ることも触ることも遊びの一環として捉えていて、性とは直接つながっていなかったかもしれません。

　それを踏まえた上で、6回目では絵本を用いて、やっていいこと、悪いことを具体的に伝えました。また、実際に起こったときの対処法についても話をしました。

担任たちの話し合い

担任1「子どもたちが人体の図鑑を見ていることもあったから、から

だのつくりに興味があるのは知っていたけど、実際に他の子のからだを見ちゃうほど興味が強いとは思わなかったです」

担任2「そうだね。はじめは、知りたい気持ちとかおとなから隠れているドキドキ感の方が強かったのかもしれない。ごんべぇ探偵の話をした後でも、腕とかたたかれたりするのとおしりを見られるのとが、子どもたちの中ではどちらもイヤなことで、あまり変わらないような感じもあったし……」

ごんべぇ「それがどう違うか、伝えていくのはむずかしいことだよな。からだはどこも大切なのにそこの部位は特別扱い？……でも、今話をすることで、大きくなっていつか気づくのかもしれないな」

担任1「"性"ってなんだろうって考えることもなかったし、みんなで話すこともなかったですね。今までは、おもらししたときにその場で着替えさせたり、トイレの後、拭くのも意識せずにやっていました。でも、今はおもらしした子に『どこで着替える？』とか、トイレで『私が拭いてもいい？』って聞くとかいうことを、意識してやるようになりました」

ごんべぇ「自分の気持ちを伝える……そういうことが、先に行って性に関する自己決定につながっていくのかもしれないね。おとなが意識して『あなたはどうしたい？』と声かけすることでいつも自分の気持ちを確認することになるのかな……」

担任2「でも、私まだまだ、自分の性に関する価値観も、子どもたちがどこまで理解しているのかもわからないことだらけです」

ごんべぇ「毎日保育をしていく中で"これって性教育の視点で見るとどういうことだろう？"と繰り返し考えて、自分の価値観を積み重ねていくことが大切なのかもしれないな」

やってよかったと感じたこと

　絵本でお馴染みのおしり探偵をモデルにしたごんべぇ探偵は、子どもたちに親しみやすいキャラクターでした。替え歌（犬のおまわりさん）も楽しい空気をつくりました。そして、おとなの態度が大事です。テレない、楽しくまじめに、子どもたちがふざけても動じず、話をしました。お説教や小言にならないよう、上からではなく、まったくヨコでもなく、ちょっとナナメの所からの話を意識しました。

すると子どもたちはちゃんと聞いてくれました。自分の疑問を素直に話してくれました。ただ、中にはまったく関連のない質問も出て、苦労しました。

性に関してみんな知りたがっています。おとなのことをよく見ています。子どもたちはおとながどう思っているかわかっていて、それに合わせた態度を作っているようにも感じます。

子どもの小さな変化

最初のできごとで関わっていた男の子のひとりがごんべぇ探偵の問答をしていた最中にまた同じような行動をしていたことが伝えられました。わかっているようでわかっていない……言動が一致しないところが多いのも、幼児期の子どもたちのありがちな姿だとも思います。

何が正解なのか……保育者それぞれが現場で、子どもたちと向き合って考えようと話し合いました。

トイレの介助、着替え、おむつ替えなどの場面で今までの当たり前を「性教育」という視点でちょっと見直しました。するとトイレの介助で「私でいい？」と聞くと「Mちゃん（担任保育者）がいい」と、してほしい人を指名したり、「着替えここでする？　部屋でする？」と聞くと「へやでする」と答えたりする姿が出てきています。

職員間～保護者との合意形成

今まで職員の中で性に関する話はなかなかできませんでしたが、ごんべぇ探偵を話し合う中で、かなり具体的な話ができるようになりました。とはいえ、園での性教育を定着させた方がいいという職員もいれば、性に関して特別なできごとがないのにわざわざごんべぇ探偵を登場させて話をするのはどうか？　今ない興味を引き出してしまうのではないかという意見も出て、一枚岩とはいえません。

それでも、乳幼児の性教育が「今」から必要なのか、「将来」に向けて必要なのかは違っても、必要であるというところは共通になりました。毎月のカリュキュラムの中に「カラダ」の項目を加えました。年齢ごとに性教育を意識しながら職員会議の中で話し合いをします。

例えば、年長が水遊びした後、保育者がシャワーで汚れを洗い流そうとすると、自分でからだをこするでもなくただ立ったままで待っていた

りする姿、着替えのパンツを自分ではこうとせず、はかせてもらったりする様子に違和感があると報告されました。

　また、友だちがトイレで用を足していると突然ドアをあけて大喜びしている、でも自分がされると怒る、オシッコをするとき、自分の性器を触らないで小便器を抱え込んでしている、なんだか不自然、子どもにどう話していけばいいのか……性教育という視点から、日常生活の中の違和感が伝えられ話し合う場面も出てきています。

　また、次の年には休止した「ごんべぇ探偵」を年長組を対象に再開しました。この年の年長は性的なことに興味や関心があるようで、知りたいことについての質問がたくさん出てきました。みんなの前で言っていいんだよ、楽しい雰囲気で、でもふざけないで話し合おうと、そこで出てくる子どもたちの言葉を拾って集めています。

　保護者に対しては「ごんべぇ探偵」を始めたころ、園だよりや役員会の中でできごとの経過を説明したり、性教育の大切さを伝えたりしました。しかし、そんな嵐が過ぎ去りふだんの生活が戻ると、性教育の必要性は認めながら、まだ先の話として具体的には意識していないという方が多数です。

　ただ、性教育をテーマにした講演会に卒園児の保護者を含め多数の出席があったことは、関心の高さを示していると思います。2020 年度は区の研修会のひとつに乳幼児の性教育をテーマにしたこともあり、園内の講演会も性教育をテーマにして 2 回ほど予定を作りました。再開したごんべぇ探偵と子どもたちの問答も伝えながら、子どもたちがすでに性に対して目覚めていることを伝えていきたいと思っています。

迷いと課題

　子どもたちの興味や疑問に対して一緒に生活しているおとなとしてちゃんと答えなくてはと思いました。でも、多様な性のすべてわかっているわけではありません。おとなが知っていることを子どもたちにどんな形で、またどの程度まで伝えるべきなのか迷います。いろいろ考えたとき、自分自身の性に対しての偏りも感じます。性に対する感覚は時代とともに変化しています。良くも悪くもそれぞれの時代の中で、時代の影響を受けて私たちは育ちました。小さな職員集団の中でも年代によっても、家庭環境の違いなどで受け取り方、感じ方はいろいろです。

　だから新しい時代の価値観が頭では理解できても、どこかシックリこないところもあります。そんな自分に性教育ができるのか、そんな壁にもぶつかりました。そんなとき思ったのは、何を大切に思って保育してきたか、私たちの保育観は何だろう、です。

　私たちが大切にしてきたのは子どもたちの興味や関心です。何がスキ？　何がイヤなのか、今、何を感じ、何を思っているのかを知りたいと思いました。自分自身を好きになるように、友だちも好きになるように、そして友だちと協力できるように、そこを生活づくりの基盤にして保育を作ってきました。

　子どもたちの生活の中に、性教育という窓がひとつ増えた……そんなふうに考えたらどうでしょう？　すべて共通にならないところもあっていいのかな。むりに正解をひとつにしなくてもいいと思います。今の時点で正解を出すとしたら“乳幼児の性教育を考え続けよう”です。そして現場で、具体的な場面で困ったこと、迷ったことなど、どう対応したか、その都度出した答え、やってみた、上手くいった、失敗した、の積み重ねが“その園の性教育ハンドブック”になるのだと思います。

学校法人友遊学園 なかよしこども園

1965年、神奈川生協立生協なかよし幼稚園として開設。その後67年より自主運営。1977年、神奈川生協から土地・建物の付与を受け、学校法人生協なかよし幼稚園となる。2007年、認定こども園なかよしこどもセンター発足。2014年、創立50周年。なかよし幼稚園・保育園となる。2016年、認定こども園なかよしこども園となる。
定員　保育園0〜5歳45名、幼稚園満3歳〜5歳90名、合計135名
環境　元・米軍深谷通信隊に隣接し、園庭から地続きで草地、森などに行ける環境のなか、ヤギ、ウコッケイ、うさぎなどを飼育し、日常的にバッタやカマキリなど虫取りが盛ん。
保育　子どもたちの遊びを中心にした生活づくりを柱に、「子育てはひとりではできない、保育者と保護者がつながりあって一緒に育てていこう（共同養育）」を大事にしている。支援が必要な子どもにつく補助の先生はほぼ元保護者。

3 地域での性教育
大切なことは年齢を超えて

菊池準子

乳幼児期からが大切！

　小学校教諭を定年退職後、性の学びに関わる活動をしています。

　ニーズは高く、子どもたちの問題行動（と、おとなが考えてしまう）を目の前にして、どうしていいかわからないと、あわてて私に声がかかることも多々あります。目の前に突きつけられた問題に「やっぱり性の学びが必要だ」と取り組もうとするものの、抑制的な「ダメダメ教育」や怖がらせる「脅育」を、思春期になってやってしまいがちな現場も見てきました。なかにはお手上げ状態で、性のことにはふれないようにする現場も……。

　長年性教育に取り組んできた中で、乳幼児期からの学びや経験の積み重ねがあれば、思春期になってあわてふためくこともないのに、何より子ども本人が悩んだり苦しんだりすることもないのに、と感じることにもたくさん出会いました。

　例えば、低学年で性の授業をするときに、はだかの絵を出したとたん「エロ！」と大騒ぎしたり、4年生の保健の授業で月経や射精を学ぶときでさえ、顔をあげられない子がいたり……。性や性器に関することを「恥ずかしい、変なこと」と思っているのです。おとなしかった特別支援学級の男の子が、高学年になり教室から飛び出し大声をあげながら、学校内を走りまわるようになったことがありました。自分ではどうしていいかわからない性衝動や、思春期の性器の変化への戸惑いが、その行動の引き金になっていたと感じました。

　小さいときに受けた性被害がもとで、生きづらさをかかえている子どもにも、おとなにも出会いました。自分に起こったことの意味や、それは自分が悪いのではなく相手が悪いこと、人に相談していいことだというような大切なことを、小さいときに教えてもらっていなかったために、

苦しみ続けなければならない人が他にもたくさんいるかもしれない。性の加害者も被害者もつくってはならないと強く思いました。

　そのためには、子どもたちに関わるおとなが、まずは性について大きく意識を変えることが大切だと感じていました。そんなとき、重い障がいをもつお子さんのお母さんから「字がうんと少なくて、でも、大切なことは伝わるような絵本があったらうれしいな。うちの子は"永遠の3歳児"だから、文字が多い本は受け入れられないの」という声をいただきました。

　その声に応え、だれもが必要で、だれもがわかる、そんな絵本を「障がい児・者の性と生を考える会[*]」の活動のひとつとしてつくることになりました。

絵本「せいきってなあに？[**]」をつくる

　文字があまり読めなくても性について大切なことが伝わるものにと、そぎ落としそぎ落とし「性の学びでいちばん根っこになる大切なものは何か」を考えました。また「その学びが基本にあることで、その後の学びがどんどん広がるためには？」ということも考えました。そして、次の5つを柱にしました。

- ・性器も大切な自分のからだの一部
- ・「性器」という名前があること
- ・プライベートゾーンであること
- ・男女で違うのは性器だけで、それはいのちをつくる働きがあるから
- ・自分でプライベートゾーンを守るために

　文章は最小限にし、対応する解説を別のページにつけて読み聞かせできるようにしました。さらにもっと深く学びたい人のために、絵本に対応したテキストもつくりました。

*
障がいをもつ子の親が中心になって2017年に発足。性教協えひめサークルと共催で講座や教材づくりをしたり、相談活動や交流活動などに取り組んでいる。
ホームページ
http://seisei-kai.org/

**
菊池準子著・絵『障がい児のための性教育の絵本　せいきってなあに？』障がい児・者の性と生を考える会、2019

絵本のタイトルは『せいきってなあに？〜おちんちん、おちょんちょんのはなし〜』です。性の学びは、性器のことを真正面から学んだり考えたりすることだと、ストレートにこのタイトルをつけました。

この絵本を、外部講師として行った中学校の保健室にプレゼントしたら、中学生も休み時間に来て奪い合うようにして読んでいました。知りたいことがストレートに書いてあるけど、いやらしいとか恥ずかしいとか思わずに堂々と友だちと読み合えるのがよほどうれしかったのでしょう。おとなの研修で使うこともあります。「性の学びでこれだけは」という、基本的で必要な情報を詰め込んだ絵本は、年齢に関係なく誰にでも使えるのです。

科学的で年齢を問わず伝わる「いのちのはなし」

西予市教育委員会生涯学習課所管の「せいよ家庭教育・子育て応援グループ主催事業『子育て親育ち学習会』」での実践を紹介します。これは、子育て真っ最中の親や、子育ての先輩が運営の中心になり、行政と協力して市内で実施されたグループの活動のひとつの学習会です。

開催にいたるまでには、次のような声がありました。

・性教育について関心があるが幼稚園や保育園では聞く機会がない。

・学校で習っているみたいだけれど、家ではどうやって伝えたらいいんだろう。

・親子一緒に聞ける講演会を。

・未就学児向けの性教育（誕生について、いのちの大切さ）で、全部は理解できなくても、少しでも何かを学び取ってくれたらいいな。

このような声から企画された「子育て親育ち学習会」には2歳から12歳までの子どもたち21人が参加し、保護者や養護教諭などおとな25人も後ろで一緒に学びました。

こんな投げかけから「いのちのはなし」は始まります。

「みんな、今、生きてますよね！」

「生きている証拠、教えて」

「これをしないといのちがなくなることってある？」

「食べて、寝て、うんちやおしっこを出して」

人が生きる基本には、「食べる、寝る、出す」があることを確認します。そして、この質問をします。

「おしっこやうんちはどこから出している？」

このパートで大切なのは、おしっこをするところだと思っている性器には、排泄器としてだけではなく、新しいいのちをつくる生殖器としてのはたらきがあると伝えることです。「男女で形が違うのは、性器がいのちを作るというはたらきがあるからですよ」と。

　次はいのちの話に進みます。
　「生まれる前はどこにいたの？」
　「初めから大きかったの？」
　いのちのはじまりの受精卵の大きさを、画用紙に開けた針の穴で実感します。小さな穴を見つけて子どもたちはびっくりします。そして、科学的にいのちのはじまりについて学びます。精子や卵子がどこにあるのか男女の内性器の布模型で説明します。受精卵が着床する様子、胎盤やへその緒を形成し、だんだん人間のからだに成長していく様子をスライドで見ます。受精後約8週の胎児の写真を見て、その大きさを想像させます。実際の大きさを紙粘土模型で見せると、たった3cmくらいなのに人間のからだがほぼできあがっていることに、またびっくりします。
　子宮の中で大きくなっていく様子を想像しながら、赤ちゃんクイズを〇か×かで解いていきます。
　第1問　子宮の中で動き回っている。
　第2問　子宮の中でおしっこをしている。
　第3問　子宮の中でうんちをしている。
　第4問　みんなの声を聞いている。
　第5問　生まれてくるときを自分で決める。
　ここで大切にしたのは、最初にみんなで確認した、人が生きる上で欠かせない「食べる、寝る、出す」を、子宮の中で守られながらであっても、自分自身の力で胎児（つまり、おなかの中にいた自分）がちゃんとできていたことを伝えること。生まれてくるときすら自分で合図を送っているともいわれていること。生きていく力を、自分は生まれる前からもっていたんだということを実感できるように話を進めていきます。

おもしろいことに、この内容は幼児だけでなく小学生、思春期を迎えた中・高校生、おとなの講座でも全く同じように実践でき、その年齢なりに自分自身と重ね合わせ、「いのち」への驚き・感動をもつことができるのです。科学的に正確な情報に基づいた内容は年齢を問わず伝わるということです。

だれもが生きる力をもって生まれてくる

　その次に、この講座のいちばんの山場「産道体験」です。
　子どもたちはひとりずつ、子宮にみたてた布の袋の中に入り、子宮の中の自分を想像します。自分が生まれたくなったら「生まれます！」と声をかけて、浮輪で作った産道をくぐります。まわりの子が浮輪の産道を支えて、励ましの声をかけます。生まれてくる子は、顔を紅潮させな

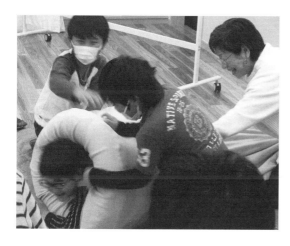

がら生まれてきます。自然にまわりから「おめでとう」「よかったね」の声が上がります。
　ある子が「足から生まれてみたい」と、逆子での出産に挑戦しました。ところが、足は出てくるもののからだが産道をくぐり抜けることができず「苦しい、ふつうに生まれ直します」と、やり直しました。「ああ、苦しかった。頭からの方が生まれやすかった」と、逆子の出産の大変さを追体験していました。中には、産道の途中でつっかえてしまう子もいますが、そんなときには、おなかを切って生まれる方法もあるよと、帝王切開という出産も伝えられます。
　そして生まれてからのことも話します。おなかの中にたまっていた「胎便」の写真を見せて、母乳やミルクを飲むことで、だんだんと便の形状が変わっていくことも話します。ちょうどわが家で新生児と生活するチャンスがあったので、その写真も教材のスライドに使っています。
　眠ったり、ミルクや母乳を飲ませてもらったり、おむつを取り替えてもらったりする写真を見せます。そして、「食べる、寝る、出す」は、生まれてすぐに自分自身でできる力をもっているということとともに、たえず自分の世話をしてくれる人の存在があったということにも気づかせます。
　出産後、役目を終えたへその緒を切った跡が、だんだんと乾いてポロ

リと落ちておへそになる過程も写真で伝えます。いのちのはじまりから、子宮内での成長、出産、その後の成長。「みんなこうやって生まれて、ここまで大きくなったんだね」と話を締めくくります。

そして最終クイズ「あなたのお母さんのおへそは、どこにつながっていたの？」と問いかけます。

「んっ？」という顔をして子どもたちは考えます。「お母さんのお母さんだ、つまりおばあちゃんだ」そうそう、みんなのまわりにいるおとなだってこうやって生まれてきたことや、いのちがずっと続いていることを実感しながら子どもへの講座を終わります。ほぼ学校の授業時間と同じ50分近くの「いのちのはなし」を、2歳児も含め楽しくみんなで聞くことができました。

この実践をするときにいつも思うことがあります。それは年齢や学習を理解するいわゆる学力には関係なしで、何かしら一人ひとり感じてくれるということです。それは、いま生きている自分自身のからだの学び、その自分がどうやって生まれてきたのかという、自分自身のいのちの学びだからだと思います。

子どもの学びが終わった後、おとなには、性の学びで育てたい力と、それをどのように毎日の生活の中で育むことができるのかということを話します。主な内容は次のようなことです。

- 人との関わりの中で子どもは育つ
- 家事に参加させ、くらしのスキルを性別に関わりなく身につける
- 日々の生活の中の小さな経験に意味をもたせる
- 小さい人間、ひとりの個として尊重して接する
- 性についてはタブー視せず、当たり前のこととして対応する

次に、参加者の感想を紹介します。

- 足から出る「生まれる」体験、とても大変そうでした。人として大切にされる経験と今まさにやっている育児が「＝（イコール）」なんだなとよくわかりました。
- 子どもたちにとてもわかりやすい性の話でした。出産の体験をさせてもらって、産まれることの大変さがわかったようでした。
- 今日のような語りの中で学ぶ機会をつくればいいのだなと思いました。性について学ぶことは、ひとりの人間としての生き方を学ぶことになり、とても大切だと改めて感じました。
- 日々、子どもたちと接する中で、自分を大切で好きだと思える子どもを育てるためのヒントがいっぱいありました。

- 性のことだからと変にかまえないことが重要だと思った。もっと気楽でよいのだと思う。男の人にもっと参加してほしい。父と息子でこのような学びのチャンスをつくっては？

人と人が尊重しあえる、やさしい地域に

　地域での乳幼児期の性教育とは、性の学びにつながることが乳幼児期だからこそ、生活の中にたくさんあることに気づいて、子育ての中で生かすことのできるおとなを増やすことです。

　まずは、心地よいふれあいをたっぷり体験することで心の栄養と人への信頼感を育てます。そして、歯みがきや手洗いなどの生活習慣と同じように性器の清潔の習慣も身につけていきます。排泄や入浴のときに、他の器官と同じように性器にも名前と役目があることや、性器を見たりふれたりしながら外性器の構造も自然に伝え、どのようにしたらきれいになるのか、一緒に考えながら身につけることができます。こうすることで、性器も含め自分のからだを大切に、ひいては自分を大切にすることができる素地が育ちます。性のことも、素朴に当たり前にまわりのおとなと話せれば、困ったときにも相談できる関係をつくることができます。

　でも「なかなか性のことは話せない」というおとなが多いのが現実です。そんなときは、絵本を活用することです。絵本の助けを借りながら性のことも他のことと同じように、だんだん話せるようになります。これからも、いのちについて、からだの成長について、人との関わりについてなど、いろいろなテーマで大切なことが伝わる絵本を私もつくっていきたいと思っています。

　小学校で教員をしていたときのこと。乱暴な行動をしてしまう男の子は「男は偉いんだから乱暴をしてでも、言うことを聞かせていいんだ」と言っていました。生まれてから数年間でいつの間にか刷り込まれた男女の性別役割意識もなかなか根深いものがあると感じました。子どもにもおとなにも性の学びの機会をつくっていくことで、日常の生活の中に潜んでいる性差別に「これって、おかしいな」と気づくことができるジェンダーセンシティブな感覚が育つことでしょう。性の学びが広がることで、自分が大切、だから人も大切と、お互いを尊重し合うやさしい地域になっていくのではないかと思っています。

子どもへの不適切な関わりを
なくしていくために

白坂 岳

　ニュースを見ていると、保育現場、または介護の現場で、利用者に対して職員が「卑猥な行為をした」という報道が飛び込んできます。プロである職員がなぜそういった行為をしたのだという怒りを覚えるとともに、「卑猥な行為」という表現にやや違和感を覚えます。これは、"性的虐待"ではないのかと。

　現在勤務している児童養護施設クリスマス・ヴィレッジで、性教育委員の運営に十数年携わってきましたが、何より力を入れたのが、現場に性教育を浸透させ、権利侵害をなくす（子ども同士、職員から子ども）ことでした。性というものに関する価値観、認識があまりにもバラバラなことに危機感を覚え、それを変える必要があると思ったからです。

保育者の意識の変化を促す

　職員もさまざまな環境で育ってきていますから、価値観に関してはしかたのないことかもしれません。問題なのは、性教育というものが社会に浸透していないことです。かつて、ある学校の性教育が問題視された際、当時の首相が「われわれの年代では教えてもらったことがないが、知らないうちに自然に一通りのことは覚えてしまう」と発言しました。笑いが広がり、「性教育＝下ネタ」という解釈をしていると感じましたが、今も昔も、正しい性の情報が流れているわけではありません。間違った情報と正しい情報を見分けるにも、おとなですら十分な性教育を受けてきていない中で精査するというのは、非常にむずかしいことです。

　児童養護施設向けの性教育の研修で「職員と子どもの恋愛、性交渉についてどう思うか、どう介入するか」という投げかけをすると、「同意があると介入がむずかしい」という返答が少なからずあります。ここで考えなくてはいけないのは、未成年である子どもの"同意"をどう捉えるかということです。

　児童養護施設にいる子どもたちは、さまざまな家庭環境で育っているがゆえに、目の前のおとなに対してさまざまな感情をぶつけてきます。甘え、怒り、依存……。それらのなかに、職員に対して、"この人をつなぎとめておきたい"という感情もあるのかもしれません。私たちは、子どものそういった背景を考慮し支援をするプロでなくてはなりません。

　それに加え、"自己判断と自己決定の能力、責任能力が未熟な未成年と、成人との間の

やりとりを「同意」と捉えてよいのか"ということがあります。子どもに関わるおとなが、そういったことをきちんと頭に入れ目の前の子どもに適切に関わること。不適切な関わりをなくすために、同意とはなにかを職員集団に落とし込み、職員の意識から変えていくようにしています。

子どもの意識の変化を促す

子どもへの性教育も重要です。暴力にもいえることですが、私たちが不適切だと感じることも、それが日常に起きていると、子ども自身が"不適切"だと感じないことがあります。そのため私たちの施設では、幼児期から性教育を開始します。

一般的なパーソナルスペース、プライベートゾーン（パーツ）の教育から始まり、中高生までには性的関係で留意すべきことや避妊、中絶についても教えるようにしています。個別での性教育とは別に、夏と冬には年齢別に集団で性教育集会というものを行います。

幼児や小学生対象にゲーム形式で、「パーソナルスペースはどこか」「プライベートゾーンはどこか」を聞き、答えられたらスタンプを押し、子どもたちはスタンプラリー形式でスタンプを集めます。同時に、守るべき大事な場所であることを教えます。答えられなくても職員がその場で答えを教え、スタンプは必ず押してもらうようになっています。

性教育スタンプラリー。全部できたらいいことあるかも！！！

さまざまな形式で性教育を実施するなかで、変化が出てきたのは取り組みを始めて3年ほど経った頃でした。子どもが、自身の被害体験を打ち明けてくるようになりました。親からの被害、入所児童からの被害を告白してくるなかで「今まで当たり前のようにされていたけど、それが普通じゃないんだって思った」という言葉も聞かれました。子どもが"今自分がされていることが不適切である"とわかれば、それを表明する手段を教えるようにしています。親への介入は児童相談所が行いますが、子どもの意識変化を促しておくと、介入がしやすくなり、早期の対応が可能になります。

タブー視されがちな"性"ですが、子どもの興味を性と命に向け、子どもが知りたいと思ったときに学ぶ環境があることが大切です。その上で、知識として適切・不適切をきちんと教えることが、子どもを守ることにつながるのだと思います。

4 保護者と考える 性と性教育

浦野匡子

性教育を知らないことを強みにしよう！

　日本の保育者の多くは、学校教育や資格取得に必要な科目として、性教育を学ぶ機会がありません。性教育を知らずに保育の仕事をしているのは当然です。しかし、保育の専門性を高めるうえで、性教育は欠かせない分野だと私は考えています。

　性教育を学び始めるとき、知らないことを強みにしてみませんか。乳幼児期の子どもたちが未知の世界や概念に出会い、ワクワクしながら育つように、おとなも、それぞれが「なんで？」「どうなの？」「わからない」と思っている自分をおもしろがること、おとなが子どもに教えよう、わかるようにしようなんて考えないこと、一人ひとりの気づきを大事にしながら、一緒に学ぼう！というのが、性教育の学び方だと私は思っています。

保護者（養育者）が性教育の担い手に

　低年齢の子どもの生活の場では、保護者と保育者の距離が近く、親になって比較的年月の浅い親と関わることができます。排泄、着替え、食事、健康……といった子どもの生活について保護者とともに考え、話題にする場面が多いです。保護者は保育者に相談し、その話を受け止めて考える機会が多くあります。この保護者たちが性教育の担い手として、今後、学童期、思春期、青年期を迎える子どもの近くにいることは大事なことです。

　私の勤務先の幼稚園では、毎年3歳児の保護者向けに「性教育の学習会」を開催しています。内容は幼児期に性教育を行う意義と子どもに関わるポイント、絵本の紹介などで、後日、保護者会で学習会の感想交

58

流を行うこともあります。5歳児には「からだの話」をしています。

　こうした園としての取り組みは、保護者が性教育にふれ、子どもの姿を通してさまざまな気づきを得るきっかけになっています。

保護者と子どもの姿を共有しよう

　保護者とともに性と性教育を考えるとは、具体的にはどんなことでしょうか。それはズバリ、使えるものは、いつでも、なんでも使いながら"保護者と子どもの姿を共有する"ことです。

　園として特別な取り組みを行わなくても、保護者とともに考える方法はいろいろあります。私は登降園時や保護者会や懇談、クラスだより、連絡帳などを使い、子どもの様子を保護者と共有しています。

　大事なのは、おとな自身がそれぞれの心地よさと安心感をベースに、語り合う関係を目指しているか……です。簡単ではありませんが、おとなたちが対等であり、互いの考えを尊重し、自分も相手も大事にする関係性をつくろうと努力し合う集団であればあるほど、その集団は子どもの育ちを温かく見守るおとなの集団として育っていきます（これは保育者の所属する職場の同僚性においても同じです）。保育者はそういう保護者に支えられ、その専門性を高めていけるのです。

　私は子ども同士のケンカ、たたいたりたたかれたときの様子、人間関係で悩んだり葛藤する姿を伝えることもあります。保護者は親として心が揺さぶられ、申し訳なく感じ、自分の子育てを振り返ることもあります。子どものナマの姿を見つめるのは、親にとってしんどく、苦しいこともありますが、入園当初から少しずつ子どもの姿を共有していくことで、保護者も少しずつ変化していきます。

　もちろん、家庭の状況や子どもの様子によって、伝える内容や時期に配慮しますし、すべてを伝えているわけではありません。子どもの姿を伝えると同時に、保育者が子どもの姿をどう捉えているかを伝えることは必要です。

　子どもの姿を日常的に共有していると、わが子以外の子どもの姿や各家庭の子育て観を知る場面が増え、おとなたちの子育てに対する視野が広がっていくと感じています。ここからは、取り組みの様子をいくつか紹介します。以下に出てくる子どもや保護者の名前はすべて仮名で、個人が特定されないよう内容に配慮し、一部省略しています。

その日に話す・みんなに話す

> 3歳児クラス。自由に遊んでいる時間、保育室の端にあるデン（ね
> ぐらという意味の英語で、せまい空間）で、数人の子どもが"お医者
> さんごっこ"をしていた。ことみちゃんが患者役。つねおくんとまいちゃ
> んがお医者さん役。つねおくんとまいちゃんは、ままごと道具を片手
> で持ちながら、大声で泣くことみちゃんに「ごめんね、ごめんね」と
> 言っている。どうしたのか尋ねると、お医者さんの2人が、患者さんの
> ことみちゃんを治してあげようとし、ことみちゃんは、自分で自分のズ
> ボンとパンツを下ろしておしりをつき出すようにうつぶせになり、2人
> がおもちゃのバターナイフとスプーンで、ことみちゃんのおしりをつつ
> いたらしい。ことみちゃんは「おしりがいたかった〜」と泣いていた。

　その日の降園時、クラスの保護者に3人の名前を出して口頭で、こ
のエピソードを伝えました。そして、「子どもの姿として珍しいことで
はない」「とくにからだに関わることは、恥ずかしい、子どもを叱るよ
うなことではない」そして「子どもが困ったときに安心しておとなに話
せる関係をつくりながら、子どもが自分のからだを大事に思えるような
声をかけよう」と話しました。

　勤務先ではすべての子どもの降園時間が同じなので、保護者と担任が、
ほぼ毎日顔を合わせます。毎日5分程度、その日の活動内容や連絡事項
などを保護者に口頭で伝えます。何を話すかは担任の自由。これは伝え
たい！　と思うエピソードを話すこともあります。園で担任が話した内
容は、親が子どもを叱ったり責める材料にしないこと、噂話のように他
のクラスの親に話さないことを原則にしています。

　わが子の名前を出されたくない保護者には個別に伝えたりもしますが、
保護者の了解のもと、日常的に子どもの姿を保護者と共有することを大
事にしています。それは子どものさまざまな姿、もめごとも含めて、当
事者とその保護者だけの問題ではないと考えるからです。ひとつの出来
事を捉えるときに、他人事ではなく、自分事として子どもの姿を捉える
視点をもち、そこに集うおとなたちとともに子育てをしていきたいとい
う願いをもっています。

　つねおくんの母親は後日相談に来ました。まいちゃんの母親は少し余
裕をもって受け止めている表情でした。ことみちゃんの両親は2人で話

したそうです。ことみちゃんは、乳児期に長期間入院していたことがあり、お医者さんや看護師さんに全身を委ねることは当たり前でした。ご両親は「今後、娘が人との距離感やからだを大事にする感覚をどう学んでいくのか、考えるきっかけになった」と話されました。保護者の気持ちや考えを聞くことで、私も子どもへの理解が深まりました。

保育者の思いをクラスだよりで共有する

　3歳児の9月の保護者会で「はしやスプーンってどうしてる？」と「排泄後、自分で拭いてる？」という2つのテーマで交流しました。
　連絡帳に寄せられた保護者会の感想を、保護者の了解のもとクラスだよりに掲載し、他の保護者と共有しました。

　今回は生活のアレコレについて…入口から出口の話まで、実に幅広くありがとうございました！笑　（中略）あと、性教育についてはハッとさせられました。今まで特に考えたこともなかったです。うちは男の子しかいないので、余計にちゃんと教えるべきことは教えなければと、漠然とは考えていたのですが、じゃあ、具体的に何を…？となると見当もつきませんでした。色の選択（※）についてから性教育は始まっていたのですね。そして今は体を自分で清潔に保つこと、その理由についてきちんと教えること。まずはここから取りかかりたいと思いました。（後略）

※保護者会で性教育はいつから始めるのかという質問が出たので、「産着を女の子にピンク、男の子に水色を着せることがあるが、ピンクは女の子って誰が決めたのか？」など性別を色で表すことをどう考えるのか……これも性教育だ……と話した。

　子どもたちは本当に愛されていますね…なんだか羨ましいというか、ただただ素敵だな〜と思って皆さんの話を聞いていました。そしてやっぱり…（性の話ともつながるんだと思うけれど）皆、それぞれ違って聞いていて飽きないです（笑）（中略）同じ人がいなくて、それぞれの歴史があって…。そんな中、似たような悩みをもっているって、とにかくおもしろいです。
　娘は「障害のある人の性」をもっています。病院ではからだを触られるのはもちろん、お風呂も親以外の人にお願いすることもよくあります。病院ももちろんいろいろ気にしてくれますが、それにしたって…です。でもプライベートゾーンを完全にNGにすると娘が苦しいと思うことがあるんじゃないかと思うと、私も娘にどう性を教えていいかまだわかりません。でも本質みたいなものはきっと一緒だろうと思っています。ここはしっかり見守ってあげたいなぁと思います。柔軟に…。
　その「気づき」に至るまでの布石みたいなものは家庭でちりばめる事はありかな…と思っていますよ〜‼　むしろ必要…。

ふだんは連絡帳に個別の返事を書きますが、参加できなかった保護者とも、保護者会の内容を共有したいと考え、私の返事をクラスだよりに載せました。

～連絡帳の返事に代えて～

担任より

　保護者会では、おはし、排泄の2つのテーマで家での様子や考えや悩みを交流しました。お休みの方もいたので、グループに分かれず、皆で交流しました。排泄の話の中で、子どもが自分で拭いているかどうか、拭き方をどう伝えているのか、男の子と女の子で伝え方は違うのか、うんちの硬さ、柔らかさによって子どもも拭けたり拭けなかったりすることがある……ヨーグルトや牛乳を飲む量を変えたらうんちの硬さも変化するかもしれない……性教育にいいと聞いたので汚れた下着は子どもが自分で洗うようにしている、などなどいろいろな話が出ました。

　性器の呼び方も少し話題になりました。今回の保護者会では性教育の話をする予定ではありませんでしたが、男の子にも性器の洗い方を伝えた方がいいのか、どう伝えるのか、性教育は何歳から始まるのか……などといった疑問や質問も出されました。拭き方や洗い方については、私の知っていることをお伝えし、持っていた障がい児のための性教育のブックレットを紹介しました。いただいた感想を読みながら、私の中で、また新しい気づきや学びがあり、うれしいです。

　おはしのことも含め、それぞれの家庭の考え方ややり方、子どもの様子も違うので、明日から全員が「おはしで」「おしりは自分で拭いて」というわけには、もちろんありませんが、放っておいて自然にできるようになるわけでもないなぁと私は考えています。(中略)幼児期には幼児期のからだへの興味や関心がありますし、指先の機能やからだのしなやかさも育っていきます。子どもの今と向き合いながら、ちょっと先の未来に必要な知識や技能を少しずつ伝えていくことも大事なことだと思っています。(中略)それ

ぞれに合ったやり方を探しながら子どもができることが増えていくといいなぁと思います。男の子は性器を持って立っておしっこをすることができるようになってきています。(中略)

　この時期の性教育で私が大事にしたいことは、子どもが安心して何でも聞ける関係をつくることです。私が子どもの頃、母に「赤ちゃんはどうやって生まれるの?」と尋ねると、私の母は「お腹から……」と答えました。私は、赤ちゃんはみんな『オオカミと七ひきのこやぎ』のようにお腹をはさみで切って生まれてくると考えていました(笑)。事実を知ったとき、「なぜちゃんと教えてくれなかったのだろう」と思いましたが、それは子ども心に、性のことはなんとなく詳しく聞いてはいけないことだ……と感じたことを覚えています。

　おとなの私たちが、性のことをタブーにせず、恥ずかしいから隠す、汚いから洗うのではなく、大事だから簡単に人に見せない、大事だから清潔にする、聞かれてわからないことはわからないと答える(ごまかしたり、嘘をついたりしない)、性のことをポジティブに語る……などが、幼児期の子どもにとって大切な関わりだと思います。

　最後に……障がいのある人の性は、どの人にも通じることで、私も本質は一緒だと思います。さまざまな障がいがあるように、一見、障がいがないと思っている人たちにもさまざまな性があります。障がいのある人の性を学んだり考えることは、どの人にも共通する性の学びがあると考えています。私は、人と違うから生まれる気づきと、違う人との間にある共通性に気づくことで、少しずつ育つ自分を感じています。保護者会が、それぞれの気づきを持って帰る場になっていくと子育てはおもしろいものになっていくのかもしれません。

おとなの"気づき"は、担い手が増えた証
――メールのやりとりから

学年末、3歳児クラスの保護者からメールをいただきました。

（前略）ゆうすけの自分勝手な振る舞いにヤキモキすることもありましたが、先生の日々のお話のおかげで「それも3・4歳児としての自然な姿」という解釈や、「衝突しながら自ら学ぶのを見守る」という姿勢が、自分の中にずいぶん育まれたのを感じています。

　その象徴的な出来事として、今でも時々思い出すシーンがあります。

　初めての親子遠足で○○公園に出かけた時のこと。お昼ご飯になり、レジャーシートを広げて機嫌良くお弁当を食べ始めたゆうすけでしたが、仲良しのひゅうまがお弁当を先に食べ終わったことをきっかけにみるみるぐずり始めました。私は何とかゆうすけの機嫌を直そうと、ああしたら？こうしたら？と提案してしまいました。すると先生が隣から、「ゆうすけはどうしたいの？」と声をかけてくださったのです。私はこの時も心から「ハッ！」としました。「おとなが誘導しなくても良いんだ。まず本人の気持ちを確認することがスタート地点だったんだ」と。一方的にあれこれ指図するなんて、わが子に対し何て傲慢な態度なのだろう。親として謙虚でいなければ、子どもの素直な声は聞こえてこない。素直な声が聞こえなければ、わが子に寄り添うこともできない――あの時の先生の一言が、私を親として確実に一歩前進させてくださったように思います。

　私がこの1年幼稚園の学びの中で感じ得た一番大切なことは、「子どもが自ら成長する力を信じる」という態度でした。母としての自分に自信を持てたことはなかったのですが、この1年でゆうすけのことを力強く信じられるようになったのは、まさにこのお陰だと思います。そしてゆうすけを信じられるようになったことで、ほんの少しずつ母としての自信も芽生えてきたように思います。（後略）

　性教育と無関係の感想のようですが、これも性の学びの一面だといえます。というのも、性の学びは人権の学びだからです。幼稚園の生活のさまざまな場面で、子どもが安心して自己決定ができる環境を用意したいと考えています。もちろんコミュニティーの安心安全につながるルールはありますが、まずは自分の気持ちや感覚が大事にされることで、人権感覚が育つと考えています。

　保護者から悩みや葛藤、子育ての反省や後悔の念がメールや連絡帳で届き、相談されるとついつい答えを探し、アドバイスしたくなりますが、私はまず「気づいた私。OK！」と心で唱えるようにしています。おとなは子どもへの関わりがうまくいかないとき「なんで、あんなことしたんだろう」「もっとこうすればよかった」と自分を振り返り、悩み、葛

藤することがあります。けれども、まずは「うまくいかなかった」と気づいた自分に OK を出すだけで十分だと思います。

　"気づく"ことの繰り返しの中で子育ての幅を広げていき、気づきを得た保護者は、自分も相手も大事にする人権のアンテナをもった性教育の担い手として、一緒に学ぶ仲間になっていきます。

5 歳児「からだの話」
── 子どもの姿から気づくこと

　毎年 5 歳児に行っている「からだの話」の様子と、その保護者の感想を紹介します。

　「からだの話」は、毎年 7 月頃に 2 ～ 3 回、園長が子どもに向けて話しています。1 回につき 20 分程度で、内容は年によって少しずつ違い、この年は 1 回目に「男の子と女の子の違い、プライベートゾーン、性器（の洗い方）」、2 回目は「いいタッチといやなタッチ、いやだ、やめてと言っていい」でした。お話は、人形や紙芝居、絵本などを使って行います。

　クラスだよりは、内容、発行日、枚数など、すべて担任が自由に作ります。この日は B4 × 4 枚で、「からだの話」の全体が伝わるように書き発行しました（下はそのうちの 1 ～ 2 枚目です）。

　この頃はプールが始まり、着替えることも増えていたので、着替えの

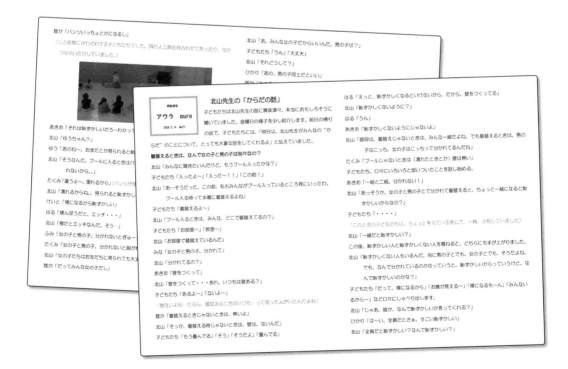

ときに「見られると恥ずかしい」という子どももいました。異性に限らず、「ほかの人に見られたくない、恥ずかしい」と感じるからだの部分があり、「性器」という名前があること、男女のからだのちがい、プライベートゾーンを確かめる時間になりました。私は子どもの様子を観察・記録し、保育後に園長とともにこの時間を振り返りました。

2回目も同様に記録し、クラスだよりに書いて保護者に伝えました。

からだの話があった日の帰り道、てつが「男の子は男の子に裸を見られても恥ずかしくない人ばっかりだったんだよ。てつは家族以外はみんな嫌だけどなー」といっていました。

ふむふむ。ついにからだの話の授業があったのね。（中略）3歳クラスの時に幼稚園で保護者向けの性の話を聞いていたので、てつの気持ちをそのまま受け止められたけど、一方で子どもらしくないなーと思っている自分にも気がつき、おとなも子どもに対する性に変わっていかなければならないなと思いました。

私たちの世代の性教育では、小学校の修学旅行前に女の子だけ別室に集めて生理用品の説明の授業があったり、性教育に関わるのが遅かったり、なんとなく隠したがるような感じがあったように思います。男の人でも、妊娠出産で初めて女性のホルモンやからだのしくみを知った人も少なくないのではないでしょうか。

わが子は男の子だけど、性に関してほとんど隠さず教えてきたので、（中略）今は生理期間にからだを労ってくれるようになりました。

性被害者にも性加害者にもならないように、正しい知識を持つこと、それから自分の気持ちを誰に対しても臆せず伝えられるようになってほしいです。

自分がてつと同じ年頃では教えてもらってこなかったので、なんて説明すればいいんだろう？とわからないことが多いので、幼稚園で大切なことを教えてもらえるのがすごくいいなと思いました。

からだの話、2回目の内容も詳細に教えていただきありがとうございます。（中略）幼稚園や小学校時代には、嫌だと思いながらも言えなかったり、我慢することが当たり前になっていた場面がたくさんあったように思います。人それぞれ得意不得意があるのに、これが出来なきゃダメ！このやり方じゃなきゃおかしいよ！と押し付けられたり……嫌だなぁと思う自由すらないような環境、というか自分の「嫌だなぁ」という感情にすら気づけないような環境が、まだまだいろいろな分野で当たり前になってますよね。だからこそ、ネガティブな感情を持つことは決して悪いことじゃないと気づかせてくれて、そして、それを聞いてもらえる仲間や先生がいる和光の環境はすごく素敵だと再確認しています。

えいすけに無理やりくっついたり、ちょっかいを出して、「いまはやめて！　違うことやってるんだから！」と度々キツく突き放されている夫にも（笑）、すぐに通信をシェアさせていただきましたが、私のぐだぐだな話よりよっぽど響いたようです。ありがとうございます（笑）。

大好きなパパやママになら、いつ何されたってうれしいでしょ！という考え方、ついつい陥りがちですが、やはり傲慢ですよね。相手にもその時その時の気分や感情があって、それを理解しよう、受け止めようとすることこそが愛情なんだなぁと痛感しています。

私自身も、日々の子育てのなかで反省することばかりですが、学び続けたいです。（後略）

「からだのはなし」、さきにどんなお話だったのか聞いてみましたが、答えるのが恥ずかしいような感じでした。ですが、その後お風呂に入ろうとして弟が服を脱いで、「おちんち～ん」とふざけて見せに来たときに「ちがうよ！ 性器だよ！」と言ったことには驚きました。

　1回目は、男女の違い、自分やお友だちのからだを大切に、というようなお話だったのかなと思うのですが、2回目にはどんな内容だったのか気になっています。

　以前、親向けに性教育についての講座があった際に、各名称も「おまた→ワギナ」「ちんちん→ペニス」と教えていると、北山先生からお話があったと記憶しています。2回目の「からだのはなし」ではそこまで教えているのでしょうか。

　また、その講座の時に「異性の兄妹がいるので、いつまで一緒にお風呂に入れていいのか」というような質問もありました。その時はまだ弟も赤ちゃんだったので自分に置き換えて想像できなかったのですが、女の子は精神的な面での成熟が早いと思うので、また講座を聞ける機会があればありがたいと思いました。

保護者と性を語り、性を学ぶこと

　はじめに、保育の専門性を高めるうえで性教育は欠かせない分野だと書きました。それは「性の学び＝人権の学び」だからです。性教育はすべての人に必要な学びであり、それは0歳からすでに始まっています。「子どもの人権の尊重」は保育の根源だといえますが、子どもが初めから「人権」について理解しているわけではありません。子どもに人権感覚を育てること……これこそ、子どもに関わるおとなと社会の責任です。おとなが、どのような人権感覚をもって子どもに向き合うのか……これがとても重要なのです。

　保育の現場は、子どもが知りたいという欲求にワクワクしながら未知の世界や概念に出会う場面にあふれています。子どもに「赤ちゃんはどこから生まれるの？」「死んだらどうなるの？」と聞かれ、それに応えるとき、また、「男は女の子に優しくするんだよ」ということばを聞き、子どもにすり込まれたおとなの価値観に気づいたとき、私は保育者として自分のもつ想像力と共感する力を試されていると感じます。

保育者は、子どもの発することばの意味を一人ひとりの発達や特徴、環境などのさまざまな情報を考慮したうえで捉え、その瞬間に最善だと思うことばや態度で、子どもに返しています。保育者として、人権感覚を育てる専門性（知識と技量と語れることば）を磨き続けるおとなになるか、ならないか、私たちは問われています。保護者（養育者）に対しても同じです。子どもの育ちを共に見守るおとなに対して、保育者ができる関わりもいろいろあるでしょう。性を学び、保育の専門性を磨き続けるとは、人との関わりの中で自分自身の揺れや気づきを感じ、"わたしが、わたしをわかっていく"おもしろさだと、私は考えています。

　保護者と性を語り、性を学ぶことは、子どもの人権を尊重する社会を創る担い手として、おとな同士がともに育つ時間になっていきます。

学校法人和光学園 和光幼稚園

教職員数　園長（和光小学校長と兼任）、副園長各1名、教諭8名、事務2名、用務・助手5名、養護教諭1名（和光小学校と兼任）
園児数と学級編成　3歳児27名×2クラス 4歳児28名×2クラス 5歳児28名×2クラス
創立　1953年
教育方針「夢中になる世界で楽しさを実感する」（自然やもの、からだ、絵・音楽・踊りなどの文化、友だちとの対話を通して）、「自分が受け止められている安心感とともに他者との関わりを豊かにしていく」（子どもとの対話を土台に、子どもの自己肯定感を育てる）を方針として、子どもたちが「あすも幼稚園あるといいな」と感じてくれる幼稚園づくりを大切にしている。

5 家庭での
性教育への援助

安達倭雅子

　私は子どもたちのための電話相談に18年ほど関わりました。電話には、質、量ともにおとなたちの予想を上回る子どもたちの「性」の相談や質問が押し寄せ、その対応のために、私は「人間の性」についての学習を余儀なくさせられました。

　その後、乳幼児の育児相談、虐待防止、虐待通告の電話業務には今も従事しています。その中で実は20年近く、ある保育園で5歳児たちと一緒に「大切なものには名前があるよ」という性教育のセッション（お話の時間）に携わりました。[*]

　それから、子どもを2人育て、3人の孫をもちました。そんな立場からこの稿を起こします。

「季刊セクシュアリティ」
83号、エイデル研究所、
2017参照

なぜ、子どもは「性の質問」をするのか

　子どもとは、やたらに質問するイキモノだとは思いませんか。思い出してみてください。おとなになってみると、さほどおもしろいとも思えない、おとなを相手の「なぞなぞ遊び」も、子どもの頃はどうしてあんなに楽しかったのでしょうか。

　電話相談の中にも子どもたちの「なぜ、なぜ」の質問も多く入りました。

　「ヘビのシッポはどこからなの？」

　「お餅はなぜつきたては柔らかくて、そのうち固くなって、焼くとまた柔らかくなるの？」

　「シマウマは毛を剃っても、下の皮もシマなの？」

　「虹はなぜ七色なの？」

　私たちは、正確に答えるために、一生懸命調べたものでしたが、あるとき私は、子どもたちがこんなとき、求めているのは、必ずしも「答え」の中身ではなく、一生懸命、なんとか子どもたちに理解できるように説

明するおとなたちの息遣い、努力する態度ではないかと気づいたのです。つまり「なぜ、なぜ」の質問は、おとなの誠実な対応への「求愛」なのではないのかと。

その証拠に、この難題の説明にとりかかると、説明しているおとなにも難しいと思える場合でさえ、「わかった、わかった、よくわかった」と機嫌よく電話が終わったり、説明の途中なのに、満足げに「わかりました、ありがとう」などといわれて、おとなの方があわてたものです。

したがって、この「なぜ、なぜ」の中に、当然おとなたちのいう「性の質問」も入ってくることは考えられることです。その上、子どもらしい発想であるからこそ、おとなには過激に聞こえる場合もあります。

たとえば電話相談の中に、学齢前の子どもから、こんな相談が入ったことがありました。

「赤ちゃんをつくりたい、今すぐつくりたいのですが、どうすればいいですか」

これに対応した相談員は、電話の対応についても、性に関わる学習にも遜色のない人でした。彼は少しもあわてずに、すぐにその子に問い返しました。

──どんなときに、あなたはそう思ったの？

（これは、園でも家庭でも、子どもたちの少々過激だと思える質問に出合ったとき、使える問い返しです）

すると、こんなすてきな答えが返ってきました。

園の先生が、段ボールや布やガムテープ、綿、粘土、ひも、板切れをたくさんもってきて、好きなものをつくってごらんなさいとおっしゃった。ある子は花束をつくり、またある子は自動車をつくったという中で、その子は赤ちゃんをつくろうと思ったのです。しかし、その子は作業を続けるうちに、どんなに一生懸命つくっても、この赤ちゃんは決して動き出すことはない。ちゃんと動く本物の赤ちゃんはどうすればつくれるのか、今すぐつくりたいと思ったというのです。

そうとわかれば、おとなは応えざるを得ないでしょう。もちろん、前述した「求愛」の質問にも応えたくなるのがおとなというものでしょう。

こんな話題から、保護者と乳幼児の性教育についての対話を始めるのはいかがでしょうか。

どう、答えるのか

　もちろん、例えば5歳なら、その発達段階から、からだ（性を含みます）について正当な興味や関心をもち、質問することは当然のことです。

　「赤ちゃんは、どこから生まれるの？」

　このスタンダードな質問をさえ、蛇蝎のごとくに避けたがるおとなが、今なおいないわけではありません。

　しかし、乳幼児の環境を考えてみると、人の一生の中で、この時期ほど身のまわりに妊婦の大勢いるというときはないでしょう。自分の母親が妊娠している、友だちの母親が、あるいは保育者が妊娠している、そして赤ちゃんはお腹の中にいるのだと教えられる。ところが、しばらくすると、赤ちゃんはどこからともなく現れて抱っこされている。「どこから生まれたのか」という疑問は、5歳児としては当然の、しかも歓迎すべき質問ではないでしょうか。

　この質問には、まず「いい質問だ」「こんな質問ができるほど、あなたが大きくなってすばらしい」と反応してください。

　そしてその後で、「赤ちゃんは、女の人のお腹の中の子宮で育ち、膣（産道）を通って、肛門と尿道口（尿〈オシッコ〉の出る場所）の間にある膣口から出てきます。それが赤ちゃんにとっても、女の人にとっても、楽で安全な生まれ方です。でも、赤ちゃんが都合よく出てこられないときには、お医者さんが痛くない方法（麻酔ということばを子どもが知っていれば使ってください）で、お腹を切って生まれることもあります。どっちの方法で生まれてもいいのよ」というふうに伝えればいいのではないでしょうか。

　私は、こんな場合、説明はさらりと伝えるのがコツだと考えています。「どこから？」を尋ねられたのですから、それだけを明快に答えるべきで、「だから、あなたは大切」「だから、いい子にして」「だから、お友だちもみんな大切」「お母さん、産んでくれてありがとう」などと誘導しない方が正当だと考えています。この場合、できるだけ科学として正確に答えるのがおとなの仕事で、それをどう考えるかは子ども自身の分野だと考えるのです。

　子どもたちは、おとなの熱い視線や関心を確認する（求愛と前述）ために努力すると書きましたが、その中に、ほとんど意味もわからず、たまたま発した単語や質問が思いのほかいいリアクションを得た（誤解で

すが）と思えたとき、それを執拗に繰り返すことがあります。

　「チンチン」「オシリ」「SEX」「エッチする」「KISS」──おおかたはテレビのお行儀の悪いバラエティ番組あたりから仕入れた単語の切れ端なのでしょうが、それに対するおとなの最初のリアクション（叱ったり諭したりしたつもりでも、実は内心あわてたり、うろたえたりしたことは子どもたちに感づかれていて、それは子どもたちにとってはおとなの本心や本音に深くふれたことになり、きわめて快いリアクションになる）によっては、それは執拗に繰り返されることになります。鍵は、子どもが最初にそれを口にしたときのおとなの態度にあるのです。

　「それは何のこと？　教えて」

　「テレビが言ってたの？」

と正面から対応して決して逃げなければ、子どもたちは、そのときのおとなのことば使いや態度から、テレビのおもねったふざけ方とは違った性へのニュアンスを感じ取ってくれます。

嘘、美化、擬人化を考える

①嘘には害がある

　命の誕生について、おとなたちは子どもたちに伝統的に嘘をついてきました。欧米にはコウノトリ説やキャベツ説があり、わが国には木の股説や拾った説があり、かぐや姫は竹から生まれ、桃太郎は川を流れてき

ました。おとなの立場からすれば、いずれも罪のない作り話ですが、嘘が重なると、子どもたちは「性」とは嘘でもごまかしでもいいということを学んでしまいます。

　私の母は「河原に誰かが捨ててあったから拾った」と、私に拾った説を唱えました。母のいうその河原は雨が降るたびに濁流に沈みましたから、私はかなり大きくなるまで、「私の産みの親は、あんな危険な場所に子どもを捨てる劣等な人だ」と思っていました。これは私の幼児期、児童期の人格形成上には、決してプラスではなかったと考えています。

　私の友人で、ヨーロッパで幼児期をキャベツ説で過ごした人がいます。おとなになった今もまだキャベツだと思っているわけではないのに、スーパーマーケットでざっくり2つに切って売っているキャベツを見ると、どうにも落ち着かないといいます。嘘には害があることなどを、保護者と保育者が話し合えるようになると、「性の学びの援助」も深まっていくのではないでしょうか。

②本当のことは便利です

　私個人は自分の子どもに「嘘」をつかずに育てようと考えました。私はあるとき、私たちが無闇にいい子を望むあまり、いい子はいいことをいえば育つと思い違いをしてしまっていないか、いい子、つまり強い子は本当のことを伝えられることで育つのではないかと気がついたからです。

　その上、生来面倒くさがり屋の私は、嘘はそのうち訂正しなければならない、それは二度手間だと思いました。それに、訂正しなければならないときに親子関係が良好でなかったり、死や何らかの別離があったりすれば訂正は不可能になる。それならば自分勝手な嘘よりは、科学という客観と普遍に支えられた本当のことを初めから伝える方が、面倒が少なく便利だと気がつきました。

　その後、理解に時間のかかる不自由を抱える子どもや、一度記憶してしまうとその訂正に難儀するこだわりをもつ子にはなおさらのことであろうと気づかされました。

　童心主義という考え方があります。「子どもはおとなと違って、何も知らず、無垢で清らかな存在だ」とする姿勢ですが、この考え方が乳幼児期の性教育に持ち込まれると、「性の絵本」はやたらにピンクに染まり、幼児語が多用され、精子や卵子に目鼻がつき、いちばん元気で優れた精子が受精したり、子宮壁はふかふかの羽根布団になったり、赤ちゃんはあたたかーい羊水（温かくも冷たくもない、胎児にとっての適温である

のが羊水で、温かいはイメージなのではないでしょうか）に守られたりすることになってしまいます。これは正確な伝達ではないでしょう。

　私は子どもを子どもという停止画像として捉えるより、やがて成長し、おとなになり、老いを迎える生命体、つまり変化する動画像として考える方が、現実の子ども像にたどりつきやすい、つまり寄り添いやすいと考えています。

　こういいますと、「無味乾燥だ、夢も神秘もないじゃないか」とおっしゃる人も現れるでしょう。

　しかし、人間のからだ（性を含みます）やその機能は、科学的事実を学んで知れば知るほどまったくうまくできていて、それは驚嘆に値します。

③子どもは旺盛にことばを習得する

　性教育の前進に何らかの力を加えようとする意図からばかりでなく、ほとんど善意によるある種の童心主義から、「相手は子どもです。漢語や外国語や医学用語は無理です。やはり、親しみやすい幼児語がよいと思う」という方は、保護者にもいらっしゃるでしょう。

　しかし、どのことばが、人の生涯にとって結局使い勝手がよかったのか、それは子どもたちによっていずれ淘汰されていくことで、今はその過渡期だともいえます。こんなふうに、私なら伝えたいと思っています。「○○○は小さい子ども（赤ちゃん）のためのことばです。小さい子どもは犬のことをワンワンといいますね。おとなはワンワンとはいいませんね。同じように、○○○はだんだん大きくなっておとなに近づくと、×××といいますよ。憶えておいてね」と、両方のことばを認識させるのが、せめてものフェアな対応だと考えますが、どうでしょうか。

　しかし、電話相談の中で出会った大勢の子どもたちとの経験からいえば、子どもたちはおしなべてことばには敏感です。旺盛にことばを習得するのが子どもです。学習頻度と必要があれば、たちまちマスターします。juice も ice cream も日本語ではありませんが、かなり小さな子どもが使いこなしています。influenza は医学の専門用語でしょうが、幼児でも使います。

　おびただしく存在し、おとなにはいささか難解なテレビアニメ「ポケモン」のモンスターの名称を見事に習得していく子どもたちを見ていると、子どもたちにことばを与えることを躊躇するのは、子どもたちにはかえって何だか失礼なことのようにさえ、私には思えるのです。

多様性を考える

①多様な家族への配慮を

　子どもたちの生活の場、家庭にはさまざまな形態があります。核家族、大家族、母子家庭、父子家庭、祖父母と暮らす子、そのどちらかと暮らす子、マザー＆マザー、ファーザー＆ファーザーで暮らす子、施設で暮らす子、まだまだあるでしょう。保育者が性教育について家庭への学びの援助を考えるとき、家族の多様性に対する配慮は欠かせません。

　私には母親が病死した孫がいます。何かのはずみに、「家にはお父さんとお母さんがいてって、先生がおっしゃって、あなたはさびしい思いをすることある？」と、尋ねたことがありました。孫は、「大丈夫だよ。あれはもう癖になっているだけだから」と答えましたが、私はこのとき、人の多様性を考慮できない私たちおとなを恥ずかしく思いました。

　性に限りませんが、性教育が遅れているわが国では、ことに性では科学的でない分だけさまざまな考えの方がいます。人間と性の関係をＡ図のように考えて、性は人格やその尊厳とは無縁のもので、まともな人の語る価値のないものだと考える人です。私はＢ図のように、性は人間の存在の中に含まれ、性器も性機能も含めて人間だと考えます。

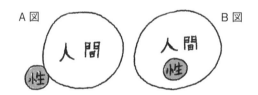

　「わが家では性教育はまったくしていない」とおっしゃる保護者や、女性の中には、ご自分が性に無知であることや無関心であることを、出自の良さや女らしさだと誤解している人もいるでしょう。

　「うちは里も固いし、主人も固いし」などと、まるでご一家が石屋さんかダイヤモンド店のようにおっしゃる方たちです。

　そんな保護者には、命名のとき、産着の色彩、おもちゃの選び方などにも、その良し悪しは別として、すでに性教育は始まっていたことを伝えてください。性に無縁な子育てはないことを話してください。

②人種や宗教の多様性という課題（宿題）

　日本では現在、在留外国人数が 2019 年末には 293 万人を超え、外

国にルーツのある日本国籍の人々も含めれば、実に多くの多様な文化の人々が暮らしています。人間の多様性を考えるとき、私たちはいろいろな課題、つまり宿題を抱えています。

　ひとつは宗教の戒律です。宗教は科学でも論理でもなく信仰の問題ですから、その信仰下にない他者がそれを論破することはできません。「性行動のすべては教祖様の思し召しのまま」という宗教もあれば、「女と子どもは性の情報にふれてはならない」という宗教もあります。前述した5歳児たちとのセッションの中で、事前に保護者のための内容の説明会をもったときには何のお申し出もなかったのですが、当日、「決して見てはならない、聞いてはならない。お目をつぶってお耳を押さえていなさい」と保護者に指示され参加した子がいました。

　もちろん、こんな場合、事前に保護者からの相談があることが理想ですが、本来の子どもの権利保障と宗教の選択をどう考えていくかを、園と保護者は話し合って何らかの妥協点を探り出したいものです。その妥協点は「当日欠席する」「セッションの間は別室で保育する」といった厳しい結果かもしれませんが、しかし、決して無視できないことです。

　もうひとつは、人種の問題です。ペールオレンジ（薄橙色）を、長年「肌色」と呼んではばからなかった私たち日本人は、人種による肌の色には軽々にぬぐいがたい暗部を抱えていることは覚悟しなければなりません。これは性教育（人間を考える学問）の範囲でも考えなければならないテーマです。

　前述のセッションには、日本製の人形（たとえばキューピー人形）には性器がない（性器切除されている）ので、私はオーストラリア製の性器がある赤ちゃん人形を使いました。オーストラリアは、ヨーロッパ系の白人種と原住民、茶色い肌のアボリジニの住む国です。したがって赤ちゃん人形も白い肌の子と茶色い肌の子との両方がありました。私は両方の人形を子どもたちに同じように提示したのですが、子どもたちが白い肌の人形を「カワイイ」といい、茶色い肌の人形を「キモチワルイ」というのに、まずは必ず対峙しなければなりませんでした。

　日本のある小学校の先生の報告によると、小5の教室で誰ひとり自分たちが黄色人種であることを知らなかったというのです。

　これはある保育者からの相談です。園の朝の玄関先のことです。黒人の親子と黄色人種の親子が出会った途端、保育者の眼前で日本人（黄色人種）の子どもが黒人の子どもを指差して「チンパンジー」と言ったというのです。保育者は「両方の親とも何も言わなかったし、私も何も言

えなかった。私は一体どうすればよかったのですか」という相談です。私は思わず、「私はきっと4人の前では情けない、申し訳ないといって大泣きしてしまう」と答えてしまいましたが、もちろん泣けば解決することではありません。

　これもまた、子どもへの「なぜそう思ったの？」の問いから始めなければなりませんが、こんな場合、社会やおとなの人権意識が反映されることもあります。その気づきこそが、この問題に踏み込む第一歩だといえましょう。このように、私たちの抱えた宿題はきわめて大きく重いものであることを覚悟しなければなりません。

保育者と保護者の共通理解と共進共働

　私たちは人生のスタートラインに立つ乳幼児のための性教育を考えるとき、上質のものを与えたいと、誰もが願うところですが、それはそれほど簡単なことではなさそうです。

　なぜなら、まずは私たちの「性」に対する考え方や知識量は、学習して精査しない限り、常識や社会通念、因習や迷信や思い込みにとらわれていることも少なくなく、そのままでは不自由なことも起こりかねません。私たちには年齢にかかわらず、肩書きや立場や経験にかかわらず性に対する科学に支えられた学習へのたゆまない努力が必要だと考えます。日本の乳幼児への性教育は、まだ始まったばかりです。今はいろいろな人がそれぞれに意見を出し合いながら、精査討論し、内容を高めていく時期だと考えます。そんなとき、ユニセフの『国際セクシュアリティ教育ガイダンス』はよい指針になると思います。

　乳幼児は年齢が小さければ小さいほど多くの時間を保護者と過ごします。したがって、その分、子どもに対する保護者の性の考え方の影響は大きいわけです。だからこそ、保育者の「家庭への性の学びの援助」、つまり保育者と保護者の共通理解や共進共働は重要なのだと考えます。

第**3**章
性教育をもっと深めるには？
〈発展編〉

1 世界と日本の子どもの性をめぐる現実

艮 香織

「世界」といっても、とても広いものです。紛争等によって、いのちが脅かされている国もあれば、さまざまな教育や福祉が充実している国もあります。共通しているのは、どの国にも子どもが生きているということです。そして子どもの現実からは、おとなが人権や性をどのように捉えているのかが見えてきます。

ここではユネスコの『【改訂版】国際セクシュアリティ教育ガイダンス』で紹介されているデータを中心に、世界の子どもがどのような性の問題をに直面しているかを紹介します。ただ、これらは乳幼児期に特化したデータではありません。乳幼児期を対象とした性に関わる資料はあまりありません。データがあっても、カウントされなかった子どもや、データさえ収集していない国もたくさん存在していることを想像してください。また想像を超える現実もたくさんあります。こうした時代にわたしたちは生きています。

ここで紹介するデータは、ユネスコ『国際セクシュアリティ教育ガイダンス』に紹介されているデータのうち、子どもに関わる部分をベースに補足した。
https://unesdoc.unesco.org/ark:/48223/pf0000374167?fbclid=IwAR3M2Rdlc0G1EjLfYDUgo5UyexVF9oMavcZDDtpYoGsauNXmYm12yG8w-B8

世界の子どもの性に関わるさまざまな問題

性は基本的人権であり、性について学ぶ機会が保障されることは重要な権利です。世界で性教育はどれくらい実施されているのでしょうか。

●子どもの教育

学校に行っていない子どもがどのくらいいるかというと、6〜14歳では約1億2100万人です。世界の15歳以上の6人に1人（約7億7300万人）は文字の読み書きができません。就学率・識字率とも女子の方が低くなっています。

欧州各国を対象とした、学校での性教育の調査によると、26か国中20か国が性教育を必修化しており、スウェーデンでは1955年から開始しています。そして10代前半には性教育を受けており、ほとんどの国でNGO（非政府組織）が関わっています。

（出典）橋本紀子他編著『ハタチまでに知っておきたい性のこと』大月書店、2017、24〜25ページ

●生まれたとき

出生登録は、子どもの権利条約第7条の下に定められている基本的人権ですが、開発途上国104か国では、子どもの出生登録率は50%です。これには地域格差や経済格差が関わっています。そして5歳未満の子どもの死亡率（出生数1000人あたり）は女子が36、男子が41であり、男子の死亡率が高い傾向にあります。総数で見ると1日約1万5000人の5歳未満児が死亡していることになります。

(出典) ユニセフ「世界子供白書2019」2019年
https://www.unicef.or.jp/sowc/pdf/UNICEF_SOWC_2019_table2.pdf

●からだの成長に関わって

初経（初めての月経）を迎えるにあたって、何も準備ができていないことが多いことが指摘されています。男子の精通も同様で、共通して無理解や誤解、偏見による不安があるようです。

貧困の状態にある子どもや若者は、他の者よりも暴力や犯罪にさらされやすい上に、学校の中退や薬物使用、早すぎる性的行動、売買春、無防備の性行為などリスクの高い行動をとりやすいことが指摘されています。また、最貧困家庭の思春期の女子や若い女性たちは、富裕家庭の女子や若い女性と比べると、18歳以前に妊娠や出産をする傾向にあります。

世界には女性性器切除／切断という、女子や女性の性器の一部を切除する慣習がある国があります。少なくとも2億人の女性と女子が経験しています。半数以上が3か国（インドネシア、エジプト、エチオピア）に集中しており、これらの国のほとんどで、大多数の女子が5歳になる前に切除しています。

●SNS

EUの調査では、15歳以上の女性のうち10人に1人がインターネット上でのハラスメントを体験しています。その内容は、望まない、攻撃的な、さらには性的な内容が明白なEメールやSMS（ショートメッセージサービス）を通じたメッセージの受信や、ソーシャルネットワーキングサイトにおける攻撃的で不適切な発信を含みます。

●暴力
（ジェンダーに基づく暴力を含む）

子どもへの性的虐待は男子にも女子にも影響を与えます。およそ20%の女性、5〜10%の男性が、子ども時代に性的暴力の被害経験があると報告されています。

毎年およそ2億4600万人の子どもたちが、通学の際や学校内においてひどい扱い、いじめ、心理的虐待、セクシュアルハラスメントなどを含むジェンダーに基づく暴力を受けています。25%の子どもは身体的暴力を受け、36%は精神的暴力を受けています。

また、学校に通うLGBTIの若者は、特に危害を受けたり差別にあいやすく、例えば学校内の同性愛嫌悪やトランス嫌悪は、学習を阻害したり、より悪意に満ちた暴力的ないじめの下地になりやすいといわれています。

そして世界中で1億2000万人の女子（10人に1人よりもわずかに多い）が、親密なパートナーからの強制された性交やその他の強制的な性的行為、あるいはそれ以外の形の暴力を、人生のどこかで経験しています。紛争下の国々では子どもたちは性暴力の被害にあいやすく、毎年、少女1億5000万人以上、少年7300万人以上が性暴力を受けています。

(出典) ユニセフ「ロンドン　グローバル・サミット閉幕、性暴力への対応と予防の拡充を」2014年 https://www.unicef.or.jp/library/pres_bn2014/pres_14_26.html

●リプロダクティブヘルス／ライツ

世界における15歳から19歳の出生率は、女子1000人あたり1人の国から299人の国までがあり、平均49人と示されています。これは若年結婚が重要な要因となっています。開発途上国における10代の母親の出産のおよそ90%が婚姻関係の中で起こっています。世界的に、毎年約300万人の15歳から19歳の女子が危険な妊娠中絶を経験しています。

●児童婚

児童・早期・強制婚（CEFM）／同棲は基本的人権の侵害であり、若い妻とその夫との力の不均衡によって、女子たちをいっそう弱い立場に追い詰めています。児童・早期・強制婚はサハラ砂漠以南のアフリカ諸国で最も高く、10人のうち4人の女子が18歳以前に結婚、約8人に1人が15歳になる前に結婚または同居しています。ラテンアメリカ、カリブ海沿岸諸国がそれに続きます。

日本の子どもの性の現状

それでは日本ではどうでしょうか。ユニセフの幸福度調査（2020年）によると、38の国中、日本は36位（精神的幸福度）でした。[*] 理由として教育面での過度な競争やいじめ、貧困の問題や、意見表明権が保障されていないことによるのではないかと分析されています。[**] ここではいくつかの調査から、日本の子どもの性の現状を見ていきましょう。

[*]
ユニセフ『Worlds of Influence Understanding What Shapes Child Well-being in Rich Countries』2020年 https://www.unicef-irc.org/publications/1140-worlds-of-influence-understanding-what-shapes-child-well-being-in-rich-countries.html

[**]
日本の結果の概要（ユニセフHP）https://www.unicef.or.jp/report/20200902.html

●関係性

話をする同性の友人が、「いる」（女子95.9%、男子95.5%）、話をする異性の友人が「いる」（女子79.2%、男子72.8%）となっており、中学生になると異性の友だちが若干、少ないようです。また、告白された経験が「ある」（女子62.8%、男子51.0%）と半数を超えており、つきあっている人がいる割合は、女子34.0%、男子32.1%となっています。
(出典) 一般財団法人日本性教育協会『青少年の性行動 我が国の中学生・高校生・大学生に関する第8回調査報告』2018より中学生結果のみ抜粋

●SNS

中学生や高校生だけでなく、低年齢層の児童にもインターネットの利用が広まり、SNS利用による被害は、大半が児童買春や児童ポルノ等の性被害ですが、殺人や誘拐等の重要犯罪も発生しています。2018年中、SNS利用による被害は、5割強を高校生が占めています。また、被害児童のうち、約5割だけが学校で指導を受けていたと回答したほか、フィルタリング利用の有無が判明した被害児童のうち、約9割が被害時にフィルタリングを利用していません。
(出典) 警察庁資料
https://www.gov-online.go.jp/useful/article/201508/1.html

●性的関心、性行動

中学生で性的なことに関心をもったことが「ある」のは女子28.9%、男子46.2%です。とくに女子は割合が低下しています。
性的な意味でのキスの経験があると答えたのは女子12.6%、男子9.5%、セックス（性交）の経験があるのは女子4.5%、男子3.7%です。

●性被害、性暴力

児童買春等の被害児童数が減少していますが、若干の減少に過ぎず、児童ポルノの被害児童数も、2017年にいったんは減少しましたが、2018年は再び増加しています。児童ポルノ被害の約4割が、「児童が自らを撮影した画像に伴う被害」で、児童がだまされたり、脅されたりして自分の裸体を撮影させられた上、メール等で送らされる被害が増加し、2018年中、中学生の被害は前年に比べ減少していますが、小学生と高校生は増加しています[1]。

また、これまでに、相手の性別を問わず、無理やり（暴力や脅迫を用いられたものに限らない）に性交等（性交、肛門性交又は口腔性交）された経験について、「1人からあった」が3.9%、「2人以上からあった」が1.0%で、被害経験のある人は4.9%となっています。性別にみると、女性は7.8%、男性は1.5%です。そのうち性被害にあった時期は20代が49.4%と最も多く、小学校の時12.2%、小学校前3.0%です。18歳未満の被害経験者のうち、「監護する者」からが19.4%、「監護する者以外」からが83.3%となっています。

相談先は、「どこにも相談しなかった」が56.1%であり、その理由は「恥ずかしくてだれにも言えなかったから」が52.2%、「自分さえがまんすれば、なんとかこのままやっていけると思ったから」（28.3%）、「そのことについて思い出したくなかったから」（22.8%）があげられています[2]。

（出典1）前掲警察庁資料
（出典2）内閣府『男女間における暴力に関する調査報告書（概要版）』2018年
https://www.gender.go.jp/policy/no_violence/e-vaw/chousa/pdf/h29danjokan-gaiyo.pdf

国際社会からの勧告

このような日本の性の現状は、国際社会からはどのように見えているのでしょうか。日本が批准している国際人権条約の勧告のうち、性や性教育に関連した部分を見ると、国連からどのように見られているのかを確認することができます。ここでは子どもの権利条約の総括所見（2019年）を見てみましょう[*]。

まず、注意を喚起するとともに緊急的な措置をもとめている6つの問題のうちの3つに、性に関連した内容が含まれています。

1つめは「差別の禁止（パラグラフ〈以下、パラ〉18）」において、反差別法の制定と子どもを差別する規定の撤廃、とりわけアイヌ民族を含む民族的少数者に属する子ども、部落の子ども、韓国・朝鮮などの非日系の子ども、移民労働者の子ども、レズビアン、ゲイ、バイセクシュアル、トランスジェンダー、およびインターセックスの子ども、婚外子、および障害をもつ子どもに対する事実上の差別の撤廃と、意識喚起プログラムおよび人権教育を含む措置の強化が促されています。

＊
子どもの権利条約総括所見は下記を参照。
ARC 平野裕二の子どもの権利条約・国際情報サイト
https://w.atwiki.jp/childrights/pages/319.htm
『国連子どもの権利委員会 日本政府第4・5回統合報告審査 最終所見 翻訳と解説【増補版】』（子どもの権利条約市民・NGOの会編集発行、2019）も一部参考にした。

２つめは「生殖に関する健康（リプロダクティブヘルス）およびメンタルヘルス（パラ35）」において、包括的な政策の策定と義務的な教育課程の一部に、若年性の妊娠と性感染症防止を焦点とした内容を実施されること、ＨＩＶ／ＡＩＤＳに関わる教育と医療機関へのアクセス、堕胎の非刑罰化やケアサービス、多専門的アプローチの重要性等があげられています。

　３つめの「子どもの意見の尊重（パラ22）」では、子どもに影響を与えるすべての事柄について、意見を自由に表明する権利を確保することや意見を聞かれる権利を子どもが行使することを可能とする環境を提供すること、子どもがエンパワーメントされるような（力を伸ばし、発揮させるような）参加を求めています。これは性教育に直接限定した記述ではないものの、子どもに影響を与える事柄に性の課題は当然含まれるので、性に関する学習権を保障することや、性に関わっても意見表明につながるような幅広い知識やスキルをあらゆる教育の場で提供し、その権利を行使できる環境づくりが求められます。

　この緊急的措置の３つ以外にも、「虐待、遺棄、および性的搾取（パラ24）」において学校内での事件を含むしくみの設立（a）とともに、主に被害者となった子どもの性的暴力に関する意識喚起活動（c）や教育プログラム（d）の強化について勧告しています。

　「障害を持つ子ども（パラ32）」では、障がいをもつ子どもに対するスティグマおよび偏見と闘い、このような子どもへの肯定的なイメージを促進するための意識喚起キャンペーンの実施（f）をあげています。また前回の勧告を踏まえた人権を基礎とするアプローチをするにあたって、セクシュアルヘルスの内容は欠かせないといえます。

　さらに、子どもの売買、子ども買春および子どもポルノグラフィに関する選択議定書に基づく前回総括所見および勧告のフォローアップとして、子どもや保護者、教員やケア提供者を対象とした、新しい技術に伴うリスクおよび安全なインターネットの利用に関する、キャンペーンを含む意識喚起プログラムを強化するよう勧告しています（パラ46 e）。

　以上のようにセクシュアルヘルスや性教育に関して、ある程度踏み込んだ勧告となっています。性や性教育に限定した内容ではありませんが、制度上の確立に関わる内容としては、一般的実施措置に、子どもの権利に関する包括的な法律の制定と、条約の原則および規定と全面的に統合させるための措置をとるよう立法上の措置を強く求めています（パ

ラ7）。

　さらに包括的な政策および戦略の発展（パラ8）と、独立した評価・監視機構の設置とデータ収集（パラ11）、適切な資源を配分することを求めています（パラ10）。そして条約に関する広報をより拡大することに加え、市民社会の諸組織との連携を勧告しています（パラ14）。性や性教育に関わる制度的基盤が脆弱であることから、これまで性や性教育に関わって、民間団体の果たしてきた役割は大きいものです。これらの勧告から改めて日本の現状を確認し、基本的人権としての性、そして権利としての学びをどのように保障していくかについて、その方向性を明確にしていく必要があります。

　世界、そして日本の子どもの性の現状を見てきました。子どもに権利としての性ならびに性教育を保障することは、子どもの権利条約（第3条）「子どもの最善の利益の保障」であり、「あらゆる種類の情報及び考えを求め、受け、かつ伝える自由」（第13条）と、子どもの生存及び発達を可能な最大限の範囲において確保（第6条）すること、子どもの意見を尊重（第12条）することとも合致します。

　世界の現状と日本の現状を知ることは、自分とは遠いと思われるかもしれません。しかし、人権や性の問題は全部がどこかでつながっています。これから、あらゆる国で権利としての性教育が保障され、性が人権であるという理解が広がり、深まり、確かなものとなることで、ここで紹介した性の問題も解決につながっていくということを確認しておきたいと思います。[*]

*
ここでは性の問題を中心に紹介したが、世界を見ると性教育が進展している国々がある。次の本は9か国の教科書を通して性の現状や性教育の政策、実践を学ぶことができる。
橋本紀子・池谷壽夫・田代美江子編著『教科書にみる世界の性教育』かもがわ出版、2018

男性保育者と子どものからだのケア

小泉玲雄

　保育士の男性の割合が年々増えてくるにつれて、男性保育者による園児に対する猥褻行為や性的虐待がメディアで取り上げられることも増えてきました。それによって、世間の関心も向くようになり、男性による子どものからだのケアについての議論や事件発生の予防対策が行われるようになりました。つまり、男性保育者の増加によって、今まで無関心となっていた、保育園や幼稚園での子どものからだのケアや性についての問題に焦点があたったことになります。単に性的犯罪を犯した男性保育者の問題に捉えられがちですが、これまでの保育園や幼稚園でのからだのケア方法、ひいては、子どもの性に関わる人権に対する意識が見直され始めているのです。

　対策としては以下のようなことがよくあげられます。

・男性保育者の排泄介助の許可を保護者に取る。

・防犯カメラや人感センサーを設置する。

・男性保育者によるからだのケアは1対1で行わせない。

　これらは男性保育者が園児に対して不適切な行為を行いづらい環境を作るうえで有効ですし、保護者が安心して預けられる保育園の運営のためにも機能しているといえるでしょう。ただ私は、これらに加えて次の2つを取り入れていく必要があると考えています。

・子どもの性に関わる人権への視点を見直す。

・女性保育者からの視点を加える。

子どもの性に関わる人権の視点とは

　まず、ひとつめの子どもの性に関わる人権への視点を見直すということについてです。上にあげた最初の3つの対応で防げるのは、メディアに取り上げられるような大きな事件だけです。日頃の子どもの性に関わる一つひとつの問題は、この方法では解決されません。例えば、保護者の同意を得ていても、子どもの同意は得られていません。子どもにとっては、排泄介助してもよい保育者と、してほしくない保育者がいるかもしれません。現に私は排泄介助の際、トイレのドアをノックしてから「玲雄先生でもいいですか？」と必ず聞いています。自分のクラスの子どもたちは快く許可してくれて断られたことがないのですが、他のクラスの子だと断られることもあります。男性保育者か女性保育者かということだけでなく、その保育者との関係性やその人の印象なども影響していることでしょう。

　そう考えると、男性保育者のみが向き合う問題としては限界があります。同性介助を基本とした対応を行った場合も、同じことがいえます。その場合、親しみのある男性保

育者より関わりのほとんどない女性保育者の方が優先されてしまったり、その逆もあり得ます。また、女児だけが被害を受けるとも限りません。ただ、保育者の性別をまったく考慮しなくていいのかというと、そうではないというのが私の意見です。それが女性保育者からの視点を加えるという話につながっていきます。

女性保育者からの視点を加えるとは

　ふたつめの女性保育者からの視点を加えるというのは、今までの保育園や幼稚園に足りてなかった視点と、現在足りていないかもしれない視点を指しています。男性保育者が増える前はもちろん女性しか園にはいなかったので、男性保育者については考えなくてよかったわけです。男性保育者について考えなくてよかった時代は、つまり女性保育者について考えなくてよかった時代です。そして現在メディアで大きく取り上げられるのは男性ばかりです。からだのケアについての議論はどうしても男性保育者にフォーカスしてしまうでしょう。つまり今までも今現在も、女性保育者という視点は少ないでしょう。これは女性保育者も人権を犯しているのにおかしいということをいいたいのではなく、もっと広い視点で捉えてみようということです。

　保育園や幼稚園では、子どもの安全を守る観点からトイレやシャワーの場所を男女で分けているところは非常に少ないのではないかと思います。実際、私が学生時代に実習やボランティアに行った園はどこも男女共用のトイレやシャワー室でした。そうでなければ保育者からの死角が増えてしまい、“ヒヤリハット”や事故につながってしまいます。つまり集団保育の運営の観点からはしかたのないことなのです。

　園外でも同じようなことがあります。スーパーや温泉などに出かけている際、保護者付き添いの場合子どもは、自分の性とは違うトイレや温泉などに入ることがあります。子どもを取り巻くからだの性の環境は、おとなに比べ非常に融通のきくシステムになっています。この融通の効き方が行き過ぎると、子どものからだの性はなんでも良いことになってしまいます。

　その環境のひとつとして保育者もあげられるでしょう。例えば、男性保育士の排泄介助の許可を保護者にとるだけでなく、女性保育士の排泄介助では、どのようなことを配慮しているかを保護者に伝えるなど、男性保育者からの視点だけでなく、各項目で女性保育者についても検討していかなければならないのです。男性保育者、そして女性保育者が子どもたちのからだの性の環境として、どうふるまうべきか、各園で考えていく必要があると思います。

2 保育における 障害のある子の性教育

永野佑子

思春期の知的障害の子どもたちと出会って

　1966年に、東京都板橋区立上板橋第三中学校に新設された特殊学級（今の特別支援学級）に新卒で就職して、2004年3月に退職するまで38年間、私は3つの中学校で思春期真っただ中の知的障害のある子たちに向かい合ってきました。

　1960年代は、都内で就労可能な軽度の子を対象に、特殊学級が少しずつできてきたところでした。私の学級は区内中学校では4校目、誰の指導者もなく校舎のいちばん端の教室で、同じ新卒の男性教師と2人で障害児教育が始まったのでした。

　就任早々「先生は、僕たちがどんなに変な子たちかと思ってきたでしょう？」とHくんに言われて、「いいや、先生は君たちに会えるのを楽しみにしてきたよ」と必死に答えたのですが、それはまさに図星でした。もちろん大学で特殊教育を学び、障害児教育を希望しての就職でしたが、当時は障害の特徴のみを際立たせる障害特性論しかない時代でしたので、どうしても障害観は偏見に満ちたものだったのです。

　たった7人のかわいい新1年生でしたが、小学校の厳しい教育から解放されたためか、若い教師に甘えるように暴力や性的事件を繰り返しました。男の子は女の子のパンツに手を入れるし、乱暴な女の子は弱い男の子のパンツをずり降ろすし……。そんな彼らの姿に「そりゃあ、男の子も女の子も異性のからだを知りたいよな。百聞は一見に如かずだ」と、叱るより先に妙に納得する私がいました。性教育を実践するようになったのはそれから20年経ってからになりますが、思春期の障害児たちは、昔から性に対する関心をたくさん示していたのです。

　ここでは、主に全国障害者問題研究会（1967年発足　以下、全障研）で深めてきた障害児教育の知見と、"人間と性"教育研究協議会（以下、

性教協）の障害児・者サークル（1996年立ち上げ）の中で学んできたことをもとに、保育実践における障害のある子の性教育について述べます。

障害のある子は発達する

「障害のある子どもにも無限の発達の可能性がある」という考えは、今では多くの人に受け入れられるようになりました。しかし、筆者が教師になった1960年代は、まだ、そうした考えはありませんでした。

大学では「精神薄弱児（当時、知的障害児はそう呼ばれていた）は恒常的に知能が遅滞し……」と学び、障害児を発達の主体者と見てはいませんでした。

しかし、1968年に滋賀県の重度障害児施設であるびわこ学園で、田中昌人（後に京都大学教授。初代全障研委員長）らが療育記録映画『夜明け前の子どもたち』を作成し、どんな重症児も発達する考えを示してから、障害のある子どもに対する発達観や障害観が全国各地に広がっていきました。

また「大津方式」と呼ばれる、乳幼児健診で障害乳幼児の早期発見と早期対応を続けるなかで、田中らは、人間の発達のすじみちを明らかにしていきました。

田中らは、「①すべての人間の発達は同じすじみちをたどる。②発達とは量的連続的に伸びるのではなく、いわゆる発達の節（発達の質的転換期）と呼ばれる不連続な時期をともなう。発達の節には、1歳半、4歳、9・10歳ころなどの時期が想定される。③発達には「タテとヨコ」というふたつの方向がある。例えば、能力が伸びたり諸機能を新たに獲得することをタテへの発達とするなら、障害児者はタテへの発達がむずかしいので同じ発達段階に長くとどまっている存在となる。③しかし、同じ発達段階に長くとどまっていても、その力を使って人やものとの関係を豊かにしていくことをヨコへの発達とみるならば、どんなに重い障害のある人も、発達する存在として理解される」ことなどを明らかにしています。

こうした発達の捉え方は、すべての人間の発達に無限の可能性があることを確信させ、関係者（親、保育士、教師など）の実践を励まし、全国各地で魅力的な実践を生み出しました。そのことは何よりも障害児者への根深い偏見（発達しない・教育不可能など）を払拭する大きな役割を果たしたことはいうまでもありません。実際、当時、ダウン症児は最

重度の障害児といわれて、ほとんど幼少時に亡くなっていました。しかし医療の進歩によってダウン症児の寿命は延び、早期療育によって着実に成長・発達する姿を見せてきました。今では、さまざまな場所で活躍しており、アーティストもたくさん生まれています。

障害児教育の歴史の中で

　障害児教育は人権保障、発達保障の観点から親や教師の要求運動で実現してきました。私が就職した 1960 年代は、多くの障害児たちは就学猶予、就学免除制度の下で親が申告する形で学校教育から排除されていました。在宅のままひもにつながれていたり、座敷牢のような部屋に入れられていた子もたくさんいたのです。私も区内の未就学児の親たちと一緒に、全員就学を求めて陳情など区や東京都に対して要請運動を行いました。

　障害児教育の歴史の中でいちばんに大きな出来事は、障害児の全員就学です。この動きは、革新都（府）政という民主的政治の中で、京都府では与謝の海養護学校（1969 年）ができ、東京都では希望者全員就学（1974 年）が実現したことです。そこでは、日本で初めて送迎バスのある学校ができ、離乳食の給食が始まりました。大幅な職員増で重い障害児を受け止めた学校現場は「オムツを替えるのが教育といえるのか」と悩みながらも、重度障害の子どもの教育実践に向き合っていきました。

　1979 年に養護学校義務制が実施され、全国で障害児の全員就学が実現しました。1947 年に教育基本法・学校教育法が成立して 32 年遅れてやっと、障害児の教育権が保障されたのです。

　その後、高等部全入運動が日本中に広がり、現在では、障害児には高等部教育も保障されています。さらに近年は、高等部卒業後も学びを保障したいと、福祉制度を利用しての学校（福祉型専攻科）が民間で作られてきています。例えば、筆者も関わって開設したのが MoreTime ねりまです。文科省も 2019 年からやっと知的障害者の生涯学習支援の方針を打ち出してきました。

　2007 年度からは、特別支援教育制度が始まりました。それまでの「特殊教育」が対象としていた盲、ろう、肢体不自由、知的障害などだけでなく、学習障害や注意欠陥多動性障害、高機能自閉症などの「発達障害」の、教育行政がそれまで障害児とみなしてこなかった子どもたちが「特別支援教育」の対象となりました。しかし、文科省は、対象の拡大に伴

＊
MoreTime ねりま
ＨＰ：https://www.npo-manabinokai.com

う十分な教育条件整備を行うことはなく、現場ではさまざま困難があり、子どもにしわ寄せがいっているのも事実です。このようなことは保育の現場でも同じと思います。

困難を抱える子どもの思いを読みとることを

　上記のような歴史の中で、障害児の保育も同じように困難な歴史がありました。障害のある子どもを産んだ母親が子どもを預けて働くなどは、認められることではなかったからです。そのため、障害児の母親は仕事を辞めて子育てに専念せざるを得ませんでした。その中で東京都大田区の、ダウン症児の両親が「障害児に保育を！　母親には働く権利を！」と 1973 年から闘いました。[*]

　こうした粘り強い運動が各地で行われ、現在は、「保育に欠ける条件」として「子どもが障害を有する場合」があげられる時代になりました。

　今、保育現場には障害認定された子だけではなく、障害が疑われる子どもや発達障害と思われる子ども、ネグレクトなどの虐待環境にある子ども（往々にしてこの子たちは発達障害の子どもと似たような行動をとります）、貧困と格差の中で生きている子どもなど、さまざまな問題を抱えた子どもたちが登園しています。

　今は障害についてたくさんの本があるので、障害についての説明などはここでは省略します。ただ、保育者のみなさんには、発達障害の子どもの「障害特性」を強調し、表面的な行動変容を求める行動療法を重視する保育に陥ることのないように注意していただきたいと思います。例えば TEACCH[**] や SST[***] などのこうしたプログラムや訓練では、障害のある子どもの全面発達が望めないばかりか、むしろ障害を固定化させる結果になる可能性があることを心に留めておいてほしいと思います。まずは、保育者が障害のある子や気になる子どもと心を通わすことが基本ではないでしょうか。それには、「どうしたの」と子どもに問うことが大切です。

　ここでは『子ども理解で保育が変わる』[****] を紹介します。この本には、ふだんみなさんが行っている基本的な保育実践で大切にしていることを励ますように、何か特別なことをするのではなく、それでいて気をつけることを改めて確認する形で、「困難を抱える子どもと保育士が育ち合う」実践が書かれています。

　「逸脱しているように見える行動の背景には、子どものことばになら

＊
この「保育は発達保障の場であり、権利である」という闘いの記録として、茂木俊彦・寺脇隆夫編著『障害児にも保育の場を　I・II』（ドメス出版）がある。

＊＊
TEACCHは、Treatment and Education of Autistic and related Communication handicapped Children（自閉症と自閉症に関連したコミュニケーションにハンディキャップのある子どもたちの治療と教育）の略語。

＊＊＊
SSTは、Social Skills Training（社会生活技能訓練）の略語で、アメリカで考案された認知行動療法に基づく技法のひとつ。

＊＊＊＊
芦澤清音・浜谷直人・野本千明編著『シリーズ子ども理解と特別支援教育②　子ども理解で保育が変わる』群青社、2018

ない思いやメッセージが詰まっていること、その思いに近づく方法は、困難を抱える子どもの視点に立ち、かかわりを通してその思いに耳を傾けること、そこから子どもの理解が始まる」と。

　おおらかな目で困難を抱える子どもの行動を捉えながら、その子の思いを読み取りつつ、子ども集団の中心に、またはさりげなく端っこに置いて、友だちとの関わりを育てる……という感じでしょうか。

　インクルーシブ保育と一言でいいますが、園でも、小学校でも、中学校でも、困難を抱える子どもの多くは、おとなからすれば「問題行動」と感じる行動を見せることが多々あります。あたかも保育者を試すがごとく。こうした場合、保育者は子どもの成長・発達の姿を思い描くことがむずかしいかもしれません。しかし、子どもはていねいにその子のことを支える人がいれば、必ず人生を豊かにしていく力をもっていることを確信してもらいたいと思います。

子どもの発達要求から生まれた障害児の性教育

　障害児への性教育実践が報告され始めたのは 1980 年代と思われます。1992 年は性教育元年といわれ、文部省（当時）が性教育に積極的な姿勢を示したために、障害児教育でも性教育が盛んに行われだしました。1995 年に発表された東京都の『性教育の手引』では、(1) 人間の性とは、の項に「セックスとは両足の間（下半身）にあるものだが、セクシュアリティとは両耳の間（脳）にある」と、アメリカ性情報・教育協議会（SIECUS）で述べられた非常に先進的な理論を取り入れていました。

　当時は障害児の性教育の理論も実践もなく、全国で何人か独自に性教育を行っていました。1989 年、筆者が「生きる力を育てる性教育」の実践で読売教育賞最優秀賞を得てから、全障研や性教協で知り合った実践者が集まり、1996 年に性教協の 51 番目のサークルとして「障害児・者サークル」を立ち上げました。

　1989 年の永野実践は、中学校の障害児学級で発達段階 9 歳段階の、比較的知的に高い子たちが“性非行”を繰り返すので、やむなく始めたものでした。自慰をする子たちに「その白いものは精子といって、いのちの素なんだよ」と教えると、「男もいのちを生み出す」ことに驚き感動して、次の日からすっかり性非行がなくなり、真面目に勉強をする子どもたちに変わったのです。それ以来、永野学級では性教育を教育の中心に据えてきました。[*]

障害児の性教育の入門書に『心とからだの主人公に――障害児の性教育入門』（山本直英監修、大月書店、1994）、『障害児（者）のセクシュアリティを育む』（“人間と性”教育研究協議会障害児サークル著、大月書店、2001）がある。

後年のこと、発達段階4歳の自閉症の女子が入学してきて、毎日トイレに閉じこもって全裸になりパンティとブラジャーをトイレに流し、激しく自慰行為を繰り返していました。彼女の性的行為には決して否定的なことばをかけずに、彼女の人好きな性教育をしながら先の見えないトンネルの中を這うような3年間でしたが、ある日彼女は公園で「先生、セミが鳴いてる」と言ったのです。ふだんほとんど会話が成り立たない子がこの時言った、彼女がセミを永野に知らせるこのことばは三項関係といって、高度な人間関係をあらわす発達の姿でした。それ以来、彼女の激しい性的な問題行動は収まって、ことばと心が通じ合う、穏やかな自閉症児に変わりました。

　後述する都立七生養護学校でも、虐待や養育不能で保護者との愛着関係を十分築けなかった子どもたちが性行為を繰り返すので、一人ひとりが大切な存在なんだということを教えるために行ったのが性教育だったのです。その中で子どもたちは、人間に対する信頼感を取り戻していきました。このように、障害をもち幼児期からつらい生き方をしてきた子たちの発達要求に応える教育は、包括的性教育であり、彼らを人間として育んできたのが包括的性教育でした。

　こうした性教育の広まりと並行して、2000年頃から反動勢力の性教育バックラッシュが始まり性教協も闘っていました。筆者は、こうした攻撃はいつも社会の片隅にある障害児教育には無縁なものと思っていました。ところが2003年7月、突然、都立七生養護学校性教育弾圧事件[**]が起こりました。障害と性の二重の偏見で狙い打ちをした見せしめ弾圧です。

　大きな支援を受けた闘いを経て、2013年に教育裁判としては画期的な勝利を勝ち取りましたが、学校教育現場は委縮してしまい、日本では20年近く包括的性教育がない性教育後進国となっています。

　しかし障害児の性教育は、性教協関係者たちを中心として発達保障、人権保障の観点から全国で実践が受け継がれています。

性を肯定的に、そして発達的に捉える

　障害児への性教育で一貫してきたことは、「性を肯定的に捉える、発達的に捉える」ことです。1にも2にもセクシュアリティに肯定的であれ、ということが障害児の性教育の基本です。そしてこのことは、すべての子どものセクシュアリティ教育の基本だと思います。いくつか基本

[**]
事件とその後の裁判については『かがやけ性教育！ 最高裁も認めた「こころとからだの学習」』（七生養護「ここから」裁判刊行委員会編、つなん出版、2014）に詳しい。

的な要件をご紹介します。

①ダメダメダメはダメ

　障害のある子が性器を触ったりしていると、つい「ダメダメダメ」と言ってしまいます。性の否定は、その子にとっては全人格の否定になりますので言ってはいけません。その子のからだはその子のもの、どこを触ってもよいのです。ですから性器を触ること自体は注意をしないようにしましょう。

　もし他の子が何か言ってきたら、「誰でも自分のからだは触っていいのよ。○○ちゃんは性器を触って安心していると思うよ」と話してあげてください。おとながセクシュアリティを肯定的に捉えて対応することで、子どもたちも性の偏見を拭っていくことができると思います。

②性器をなんと呼ぶ？

　中学校の障害児学級で性教育をしていていちばん困ったことは、性器の呼び名です。発達段階で9歳前後の知的に高い子たちには「ペニス、ワギナ」で教えていました。

　転勤して、発達段階2〜5歳前後の障害の重い子どもたちの担任になってみると、子どもたちが話せる性器の名前がありませんでした。とりあえず「おまた」を使いましたが、これは性器の名前ではありません。そんなとき『おんなのこってなあに？　おとこのこってなあに？』[*]という写真絵本が発行され、そこでは「オチンチンがあるのがおとこのこ、オチョンチョンがあるのがおんなのこ」と訳されていました。山本直英氏が幼児語の性器の名前をわざわざ作って紹介したものです。それ以来、障害児の性教育では「おちんちん、おちょんちょん」を使っています。

*
ステファニー・ワックスマン著、山本直英訳『おんなのこってなあに？　おとこのこってなあに？』福音館書店、1992（品切れ）

③男の子は性器を持っておしっこを

　障害児・者サークルの仲間で「性教育旅芸人」と称して障害のある青年たちに性教育を行っていますが、性器を持てない人に必ず出会います。子どものころから、性器は触っ

てはいけないと言われてきたからです。「性器は触っていいのです。これからはしっかり性器を持てるように練習してくださいね」と話して、性器の洗い方もお話しします。

こうした実態から、特別支援学校での排尿指導で「カッコよくおしっこをしよう」と、性器を持つことをていねいに教えているところもあります。幼児期には、自分の性器を手でしっかり持って排尿できるように教えましょう。**そうして女の子も男の子も排泄の後始末ができて、性器洗いができるようになって卒園できるとよいと思います。

④ふれあい文化の教育的保障が大切

乳幼児期はふれあいが大切ということは当たり前のことですが、こと障害のある子がべたべたすると「近い、近い」などといって無理に離そうとすることはありませんか？　障害児・者サークルでも長年教育現場や成人施設からこのような訴えが来て悩んできました。たどり着いたところは「ふれあいの文化の教育的保障が大切」ということでした。意図的にふれあいを保障することによって、豊かな人間関係ができると、べたべたしたふれあいがなくなります。

乳幼児期は思いっきりふれあうことを大切にしてください。ふだん、保育の中で行うおんぶ、抱っこもそうですが、おはよう、さようならのハグ、「いっぽんばしこちょこちょ」、腕相撲、おしくらまんじゅう、相撲などなど、からだをふれあうことの重要性を再確認して意図的に取り入れていくということです。

障害児サークルでは、快の感覚や癒しを得るために、ハーブのマッサージや温タオルや冷タオルで顔や手を拭いてあげることなども取り入れています。ふれあいによってオキシトシンという、いわゆる幸せホルモンが分泌して癒されて元気が出るのです。

1999年の「性の権利宣言」で「セクシュアリティの発達のためにはふれあうことの欲求が満たされること」と述べているように、豊かな人間性を育てる上でとりわけふれあいが必要であるということです。

⑤性被害にあわないように、性加害者にならないように

よく、こうした心配の相談があります。障害のある子の場合は幼児期に性被害を受けていても「これは不快なことだ」と判断することは難しいことのようです。少しでもおかしい、いやだと感じたら、すぐ信頼できるおとなに伝えることができる関係を作ることが大切です。つまり子

**
こうした学びは、性を肯定的に受け止めることであり、衝撃の2次性徴を乗り越えたり、自慰（マスターベーション、またはセルフプレジャー）を後ろめたく思わずに楽しめる力につながる。

どもにとっておとなが信頼できる存在であることをわかってもらう関係が大切なのです。それには障害のある子の行動に対する否定的なことばを厳に慎んで、子どもが自分が認められているという感覚をもつように育てることが大切ではないでしょうか。彼らの尊厳を大切にする育て方は、性加害者になることも防ぐことにつながると思います。

⑥障害のある子のつらさを理解する

　子どもの障害はさまざまですが、発達年齢に合わない、またはまだその課題に届かない発達段階の子どもに頑張れ頑張れと励まして通常の子たちに近づける指導は、子どもにとってつらいことです。また感覚過敏の子には大きな声や大きな集団もつらいことです。明るいところ、子どもの声のざわめき、目まぐるしい動きも苦手。食べ物も口の中に砂を入れられた感じで、とても食べられないものがたくさんあります。偏食指導なども、彼らにとってはつらいこと。こうしたさまざまなことが、障害のある子にとって虐待環境になります。障害があるが故のつらい生い立ちというのはこういうところにあります。

　たとえ善意であっても、彼らにとって無理じいになっていないかを問いながらの指導が大切です。これは彼らの自己肯定感につながります。

⑦YES, NOを言える（表現する）子どもに育てる

　イエス、ノーを表すことは、人間として主体的な生き方ができるということです。ふだんの保育の中で選択・決定という意思決定を尊重しましょう。　発達段階２〜３歳の障害児は、だだをこねて扱いづらい子どもになります。実はこれは立派な発達です。パンツ、シャツ、服、靴、遊び道具などふたつのうちどっち？とつねにふたつの選択肢を与えて、本人に選ばせましょう。選ばせてあげると、行動がスムーズになります。障害のある子は健常児と違ってこれが何年も続くわけですが、こうした本人の意思決定を尊重するする関わりの中で他の面での主体性が育ったり、前述の三項関係でことばが増えたり、コミュニケーションが楽になったりしていきます。このことは決してわがままにすることではありません。こうした育て方が小・中・高校での発達の土台となります。

障害児たちの未来は明るい

　1960 年代からの歴史を見ると、不十分とはいえ障害者関係の施策は

見違えるように進んできています。障害のある青年、成人たちは就労ができて障害者年金もあり、街を闊歩しています。カラオケやファミリーレストランなどの飲食店にグループで行ったり、鉄道大好きな自閉症の子などはひとりで電車の旅を楽しんだり。グループホームもできて独り立ちしている障害者がたくさんいます。障害のある若者のカップルも珍しくありません。いま乳幼児期にある子どもたちが青年になる頃には、まだまだ障害者施策が進むことでしょう。

　保育者のみなさんは、こうした社会の進歩の見通しをもって、わが子の将来を心配する保護者に、何も心配することはないと励ます立場になっていただきたいと思います。保護者は子どもの障害を認めて（障害受容）、療育手帳を取ることが大切な仕事です。そうすれば、子どもは社会の福祉を利用して正々堂々と生きていけるようになっています。障害児の将来は明るいことに確信をもって保育に当たってほしいと思います。

新型コロナ禍の中で、あらためてふれあいについて

　最後に、コロナ禍の中のふれあいについて付記したいと思います。

　前述のように、人間の発達においてふれあいは必須であり、とくに乳幼児期、そして障害のある子どもたちにとって、ふれあいはより必要なものです。実際、このコロナ禍の中でも、ふれあわない保育はあり得ないのが現実です。

　それで、このコロナ禍を逆手にとって、障害児・者サークルでは、いろいろなふれあいを工夫しています。足タッチ、ひじタッチ、エアハイタッチ、泡せっけんマッサージ、足タッチのダンスなど。子どもたちと相談しながら新しいふれあい文化を作る工夫をしてみましょう。

　乳幼児期に「しゃべらないで食べなさい」「マスクをしなさい」「離れなさい」などのしつけは無用の恐怖を子どもたちに与え、健全な人間関係や全面的な心身の発達を歪めてしまうことが危惧されます。手洗いなど基本的な感染症対策はもちろんきちんと行いながら、のびのびと育てることに力を注ぎたいものです。

参考文献：
性教協の『季刊セクシュアリティ』の障害児・者特集号には、60号「障害のある人たちのセクシュアリティ」（2013）、90号「障害のある人たちの包括的セクシュアリティ教育」（2019）がある
茂木俊彦著『障害児教育を考える』（岩波新書、2007）は障害、発達と保育・教育について総合的に書かれた必読書
伊藤修毅著『ゼロから学ぶ障害のある子ども・若者のセクシュアリティ』（全障研出版部、2020）は障害児性教育に関する最新知見

関係機関との連携の際に大切なこと

岩佐寛子

三宅美千代

増えている児童虐待相談対応件数

　厚生労働省によると、2018年度の児童相談所による児童虐待相談対応件数は15万9850件で前年度より19.5％増え、過去最多を更新しています。その中で性的虐待は1731件（1.1％）で、こちらも過去最多件数となっていますが、他の虐待に比べて少ない特徴がみられます。これは、保護者からの性的虐待のみの数であり、しかも、家庭内での子どもの性被害の数は正確に把握されていないのが現状で、実際はもっと多いと考えられます。[*]

　4歳の子どもが母親の性器を触って「気持ちいい？」と聞いてきたことから、母親が直感で変だと気づき相談してきた事例があります。母親は「なぜ早く言ってくれなかったのか」と子どもを責めてしまい、子どもはそれ以上話さなくなりました。母親は、さらなる傷を負わせてしまったと後悔の念を述べられました。このような事例に遭遇した場合、「よく話してくれたね」と子どもの言葉をまず受け止め、「あなたは何も悪くないよ」と味方になって守る姿勢を示すことが大切です。

　また、子どもへの性的虐待は圧倒的な力関係の中で起こっています。加害者は子どもに寄り添い安心感を植え付けたうえで、性的虐待の犯行に至り、巧みな言葉で子どもの罪悪感や恥辱感などを利用します。子どもは信頼している者からの被害を受けるのです。そこで、支援者としては打ち明けられた時に「そんなことはあるはずがない」「性被害は女の子」「加害者は男性」「あんな優しい人があり得ない」などの先入観をもたず、あるがままをまず受け止めることが大切です。先ほどの事例も、優しく紳士的なふるまいをする父親が加害者でした。

子どもや保護者に注意深く目を向ける

　性的虐待は、支援者やまわりのおとなが疑わないと見つかりません。なぜなら性的虐待は、年齢が小さいほど、それが性的虐待だと子ども自身がわからないことが多く、また暴力や脅しで口止めされている場合もあるからです。

　具体的には支援者自身が性的虐待を疑われる子どもや保護者についての認識を高め、注意深い観察と、些細な疑問を見過ごさないという姿勢が求められます。『親子で話そう！性教育』の中では、次のような行動をしていたら要注意と示されています。[**]

①不自然な外傷、服の下など見えない部分に傷がある。

②子どもが無表情だったり、凍りついた凝視、ぼんやりしていることが多い。

③子どもの言動が乱暴で周りの子どもとうまく関われない。

④人間や動植物、あるいはものに対しての攻撃性が強く、その理由がはっきりしない。

⑤子どもの反応や笑顔が乏しい。反面、異常なほど明るくふるまうことがある。

⑥子どもが保護者を怖がっていたり、異様に従順であったりする。

⑦子どもと保護者の視線がほとんど合わない。

⑧年齢不相応な性的な興味関心・言動がある。

⑨自分は生まれてこなければよかった、というような自己否定の言葉を発する。

⑩連絡や理由もなく長期にわたって、あるいは頻繁に、保育園・学校を欠席している。

　ここで①にあげられている見えない部分の傷としては、生殖器や肛門部の痛みや帯下（おりもの）の変化などを訴えるなどがあります。また支援者は、保護者の子どもへの態度のぎこちなさや、子どもへの無関心や過干渉など、気になる対応があった場合も、見過ごさない目をもつことが求められます。

　このような子どもの異変に気づくためには、日ごろから一人ひとりの子どもの特徴を捉え、いつもと違う様子があった場合、注意深く観察することや記録すること、保育所内の他スタッフと情報を共有し見きわめていくことが大切です。そして虐待が疑われた場合、一刻も早く子どもを守る行動が必要となります。

通告に確証は必要ない

　性的虐待は通告しないと介入が始まりません。子どもに関わる職種では、虐待の早期発見の努力とともに、子どもの人権を社会的に守ることが通告義務として課されています。虐待が疑われるときは、疑いの段階で児童相談所や警察に通告し、市町村や保健所などと連携し、子どもをケアし虐待が繰り返されない育児支援体制を整えていく必要があります。

　通告に虐待の確証を得る必要はまったくなく、本人に確認をとる必要もないといわれています***。しかし、現実は事実を知った衝撃が大きく、また加害状況を受け入れがたい心理も働き、当事者に事情を確認しようとしてさらに深く傷つけてしまいがちです。児童相談所に確認したところ、「もし、通告前に子どもに事実を確認するとしても『誰が何をしたか』

＊　　子ども虐待による死亡事例等の検証結果等について（第15次報告）及び児童相談所での児童虐待相談対応件数
　　　https://www.mhlw.go.jp/stf/houdou/0000190801_00001.html

＊＊　浅井春夫、艮香織監修『親子で話そう！ 性教育』朝日新聞出版、2020 より

＊＊＊子ども虐待対応の手引き、厚生労働省雇用均等・児童家庭局総務課（2013〔平成25〕年8月 改正版）

のみで、それ以上の詳細を聞いてはならない」とのことでした。理由は、性的虐待の被害
事実は、専門研修を受けた公的機関の第三者による司法面接で調査されなくてはならない
からです。そして何よりも、何度も聞かれる子どもの心理的負担が大きくなることを忘れ
てはなりません。

　前述の事例は、通告後に専門機関での調査が行われました。子どもが素直に状況を話
したことで状況確認ができましたが、子どもが自発的に語る場合を除き、通告前に子ど
もから被害の詳細を聞いてはならないことを忘れてはなりません。

　児童虐待防止法では、性的虐待は保護者からの行為と規定されています。家庭内に加
害者がいる場合（父親・母親・祖父母・きょうだいなど）は児童相談所が主に対応し、
家庭外に加害者がいる場合（親族や知人・第三者など）は性暴力被害として警察が主に
対応しています。

　関係機関との連携を考える際には「日々の連携」と「緊急時の連携」の 2 つの視点が
必要となります。連携の要は人と人とのつながりであることから、日頃から顔の見える
関係をつくっておくことが大切です。そのためには、関係機関の役割や専門性や業務内
容を把握し理解しておかなくてはなりません。

　性的虐待の被害者は心身に大きな傷を負うことを忘れずに、子どもたちには幼い時か
ら自分の身を守るための教育を行っていくとともに、支援者としての関わりを誤ること
なく、適切に対処できるようにしていきたいものです。そして、性的被害を受けた子ど
もを支える保護者の心理的ショックも受け止め、ケアをしていくことも忘れてはなりま
せん。ネットワークをつくり、みんなで子どもを守っていきましょう。

3 メディア、SNSと
乳幼児の性

小泉玲雄・三宅美千代

子どもがSNSを有益に使うために

SNSはSocial Networking Serviceの略で、登録された利用者同士がインターネット上で交流できるサービスのこと。

**
Facebookは、実名性の高い、世界最大規模のSNS

***
GUIDELINES ON PHYSICAL ACTIVITY, SEDENTARY BEHAVIOUR AND SLEEP FOR CHILDREN UNDER 5 YEARS OF AGE
https://apps.who.int/iris/handle/10665/311664

　SNS*が普及した当初、それは誰かが発信したものを、誰かが閲覧するだけのものがほとんどでした。時代は進み、近年ではLINE Payなどの決済機能が付いたり、多くのサイトが本人確認としてFacebook**のログイン情報を使用したりするようになってきました。単に使う人が増えただけでなく、SNSを利用したサービスも多岐にわたり、生活において欠かせないものになってきています。

　そんな中、端末のブルーライトによる睡眠障害や、際限ない娯楽コンテンツによる生活リズムの崩壊、からだを動かす時間の減少などの問題がよく取り上げられています。WHO（世界保健機関）では、「子どもの身体活動、睡眠に関するガイドライン***」のなかで、2歳未満の子どもは一切画面を見ないことと、0歳児は30分の運動と月齢によって12時間から17時間の睡眠が必要としています。また2歳から4歳までの子どもは1時間以上画面を見ないことと180分の運動、年齢別に10時間から14時間の睡眠を推奨しています。過度に見せないこと自体も重要ですが、運動をする時間や睡眠時間の確保という点からも、スマートフォンの使用には慎重にならなければならないでしょう。

　また、保育の領域から見ると、子どもの、想像する時間や思考する時間が減ってしまう懸念もあげられると考えます。アニメや動画コンテンツを見ている間、子どもたちはたいてい受け身の状態であるといえます。映像は没入したり集中したりできる代わりに、子どもたちが想像する余白がないのです。つまり、絵本を見たり自然にふれたりする時間と比較すると、子どもたちの主体性を大きく欠いてしまう危険性があるのではないでしょうか。

　そして、健康を脅かされ、想像力まで奪われてしまうかもしれないと

いう点においては、性教育全体の視点からもよいものとはいえません。なぜなら、相手の気持ちを想像する力や自分のからだを大切にする力は、性教育の根幹であるからです。この土台がないとすべては積み上がっていきません。

　しかし、SNSを一切しない・見せないという選択肢はあまりに早計で強引なことでもあるでしょう。ほとんどの子どもはこの先SNSと付き合っていくことが予想されるためです。

　SNSは政治や社会問題についての議論の場所になったり、実生活では知るはずもなかったことを知れたり、新たなコミュニケーションの輪が広がったり、よい点もたくさんあります。子どもたちが安全かつ有意義にそれを活用するためには、おとなの適切な支援が必要不可欠といえます。そのために、ここではSNSにおける性についての着眼点を「受信側」と「発信側」に分けて整理していきます。目の前の子どもにとって、SNSの有効な活用とは何か、将来本人が適切にSNSを使うには、どんな保育・教育・保護者支援が必要か、一緒に考えてみてください。

情報を「受信」するリテラシーを育む関わり

①見ているものを共有できないインターネット

　家族団らんの席で、テレビからいきなり流れるラブシーンに戸惑い、チャンネルを変えたり、「早く宿題をしなさい！」などおもむろに子どもを団らんから追い出したりということは、恐らく誰しも経験をお持ちではないでしょうか。ラブシーンを子どもに見せたくないという親の心理が働いているものです。なぜ見せたくないのかというと、まだ子どもが十分に性についての知識を持ち合わせていない、あるいはラブシーンを子どもに有害なものとして捉え、そこから子どもを守るためだと考えられます。

　ひと昔前はテレビが生活の一部でした。そして家にいれば常にその音声が聞こえる環境で、子どもは育ってきました。しかし今では、家庭にパソコン、スマートフォン、タブレットなどが置かれ、インターネットが生活の一部になっています。その操作は子どもにとっても非常に簡単で、幼い子どもが小児科の待合室や電車の中でスマートフォンを触っている光景もよく見るようになりました。

　内閣府の調査によれば、その利用率は1歳で19.2％、2歳で35.5％、3歳で50.2％、5歳で60.5％にものぼっています。*インター

*
内閣府、子供のインターネット利用状況https://www8.cao.go.jp/youth/youth-harm/chousa/r01/jittai-html/2_3_1.html

ネットを利用していると回答した低年齢層の保護者に接続機器について
聞くと、スマートフォンの利用は年齢が低いほど高くなり、1～5歳で
はいずれも60%を超えていました。かつてのようにお茶の間で一緒に
テレビを観ていたなら、子どもに悪影響が及ぶと思えば、保護者がチャ
ンネルを変えることもできるでしょう。しかしインターネット時代は、
子どもが何を見ているのかの把握もむずかしくなっているのではないで
しょうか。

②子どものインターネット利用は動画視聴がメイン

　先の内閣府調査の、保護者を対象としたアンケートによると、インター
ネットの利用内容は、9歳以下の子どもたちの89.2%が動画視聴、ゲー
ムが59%と答え、動画視聴に関しては4歳以下は90%を超え、5歳
で88.9%と高率です。機種別ではスマートフォンを利用しての動画視
聴が最も高く、扱いの簡便さがうかがえます。

　その視聴内容が子どもに悪い影響を及ぼすものとして、小児科医の佐
藤和夫は、過激な性表現では性行動の低年齢化や問題を引き起こし、暴
力シーンへの暴露や暴力的なゲーム使用は攻撃的行動を増大させ、暴力
に対する罪悪感を麻痺させるという報告をまとめています[**]。また、お笑
いなどで平気で他人を馬鹿にするような発言などがありますが、目の前
にいる人を馬鹿にして笑いをとることは、それをあたかもよいものとし
て捉えてしまうのではないでしょうか。

　2～5歳の年齢はごっこ遊びが盛んに行われ、子どもたちは画面に出
てくるアニメのヒーローの真似をしたり変身ポーズをとったりします。
そのため、たとえば繰り返し暴力シーンを視聴することで、攻撃的な行
動が駆り立てられ、友だちをたたくことへ発展しかねません。模倣やごっ
こ遊びなどが盛んな年齢であるからこそ、過激なものを避けるように、
あるいは物事の良し悪しの判断ができるようにおとなが導いていくこと
が必要です。自分や人を大切にしなければならないことを、日常の生活
や遊びの中で繰り返し伝えていきたいものです。

　30年も前の研究ですが、生後3か月の乳児の90%がテレビの画面
を見るようになり、テレビを見て笑う割合も3か月の乳児で25%、11
か月の乳児では60%に達していたという報告がありました[***]。乳児は生
まれながら感覚器官が発達し、認知能力が備わっています。月齢が進む
につれて感情表現も豊かになっていきますが、物事の良し悪しを判断で
きるようになるには、脳の発達と、それにともなう学習が必要です。子

**
佐藤和夫「ITの功罪：電子メ
ディアの子どもへの影響とそ
の対応」『小児保健研究』公
益社団法人日本小児保健協
会、第77巻第1号、2018

***
小林登『テレビがある時代の
赤ちゃん：赤ちゃんも見てい
る聞いている？』財団法人
放送文化基金編 二期出版、
1989

どもは発達の過程で、新しいものに興味を示し、接近したり、確かめたりする欲求をもっています。粗大運動の発達により移動ができるようになり、微細運動の発達により手指を自在に動かせるようになった乳幼児は、おとなの模倣をし、自らスマートフォンを持ち、そのスイッチを入れます。その時、子どもの目に飛び込んできたものに対し、子ども自身がどう判断し、どのように取捨選択するかは、子ども自身が受け入れられるような適切な時期になるまでの間、おとなの管理のもとで行われなければなりません。

③情報の良し悪しを一緒に判断し、目を養う

　子どもが、はしが使えるようになったり、自転車に乗れるようになったりするのは、その子どもの発達を見きわめながら、適切な時期におとなの適切な関わりのもと、繰り返し取り組むなかでそれができるようになるというプロセスを踏みます。

　スマートフォンとの付き合い方も同様です。ポンと子どもに渡し、あふれるさまざまな情報を子どもだけに判断させることは大変危険です。その情報が子どもにとってふさわしいかどうか、まずはおとなの判断のもとで選ぶことが大切です。その上で、その情報の良し悪しをおとなと一緒に判断し、見きわめる目を養いながら、発達や理解度に合わせ、その情報の範囲を広げていくことが必要です。たとえば、暴力シーンに出くわした時、「本当にこんなことしたら痛いよね？　これはしてはいけないこと」とおとなが感想を述べたりし、悪いものに対して批判的な見方や読み解き方を伝えていくといいでしょう。

　インターネットで情報を入手することは当たり前の時代になりました。しかし、その使い方によっては子どもの心やからだを知らず知らず蝕んでしまう可能性もあります。だからといってデジタル機器を子どもに一切触らせないということは、子どもの不利益につながりかねません。そのためデジタル機器を子どもが適切に扱い、その情報を自分で判断できるようにおとなが導いていくことが求められます。例えば、子どもに有害なウェブサイトなどを保護者が選別しフィルタリングし、視聴するときは必ず保護者と一緒というルールを決めることもよい方法です。そのためには、まずはおとな自身がメディアリテラシーを学ぶことが必要です。

情報を「発信」する側として、人権を守る

①写真撮影で気をつけることは

　スマートフォンのカメラ機能により、いつでもどこでも手軽に撮影をすることが可能になりました。子どもたちはごっこ遊びでおもちゃのスマートフォンを使う際に、電話の真似だけでなく、写真を撮る真似をします。そしてカメラを向けられた子どもはポーズを決めた後、「見せて」と言って撮った写真を確認する真似をします。スマートフォンで撮影される機会が多くあるからでしょう。撮影する・されるという行為が増えてきた社会に生きる乳幼児に、保育者はどんな支援ができるでしょうか。また、子どもの人権を守るために、どのようなことに気をつけなければならないでしょうか。

　まず、人形や車、食べ物やペットを撮影する際と、人を撮影する際では何が違うのでしょうか。それは、人には人権があるという点です。肖像権について議論になった際、争点になるのが、本人の同意があるかどうかです。しかし、今、いちいち同意をとって写真撮影をしている人はあまりいないのではないでしょうか。私たちの社会ではカメラがそばにある生活が当たり前になってしまい、相手の人権を意識するのは非常にむずかしい時代になってきているといえます。それにともない、リベンジポルノ*や盗撮の相談件数も年々増加してきており、性的人権も脅かされているのです。

　子どもを撮影するときはさらに複雑です。本人の同意を得るのはむずかしい場合もあるうえ、撮影されることやそれが SNS にアップされるということを、子ども自身が理解するのも容易ではないからです。つまり、SNS の普及する社会において、子どもは圧倒的弱者といえます。そのため、子どもの撮影や SNS へのアップに関しては、よりいっそう注意を払わなければなりません。

　それにもかかわらず、子どものオムツ姿や裸姿の撮影・SNS へのアップに対するおとなの抵抗感は低いといわざるを得ません。インスタグラムで「＃オムツ」などで調べると、乳児を中心とした子どもの裸に近い写真が多数出てきます。これは、拒否することができないという圧倒的弱者の状態を、無言の同意とおとなが捉えているからではないでしょうか。もし、自分のからだやプライバシーを粗雑に扱われて育ったら、自分のからだや他人のからだを大切なものとして捉えることはむずかしい

*
リベンジポルノとは、いやがらせ目的で元交際相手の裸の写真などを同意なく公開すること。

でしょう。

②写真の扱いについて、望ましい行動を示す

　このようなことを考えていくと、陥りがちな結論がSNSに子どもの写真をアップしないことや写真さえ撮らない方がいいといった極論です。本人の同意なしに子どものプライベートな写真をSNS等に公開したことをめぐって、10代になった子どもが異議を唱えることも相次いでいます[*]。

　"触らぬ神に祟りなし"なのはいくぶんか同意できます。ただ、今後子どもたちがSNSを使っていくことを踏まえた場合、適切にSNSを使えるようになることが最も理想的です。つまり、使わないのではなく、子どもと一緒にスマートフォンやSNSを使用して、おとなが適切な姿勢を示すことが重要なのではないかと考えます。

　例えば、保育現場で子どもを撮影する際は、「お家の人に頑張っているところを見せたいから写真とっていい？」と一声かけたり、ごっこ遊びの中でスマートフォンやSNSが使われていれば、同意をとる真似をしてみたりするのはどうでしょうか。子どもたちの同意や理解を得るのはむずかしいといっても、それを得ようとする姿を子どもが見ることによって、子どもはSNSやスマートフォンの使用に関する人権の尊重のしかたを知っていくのではないでしょうか。そして何より、自分の人権や意思を尊重してもらうことによって、「自分が大切にされている」「自分は大切なものなんだ」と、ポジティブに内面化していくことができるでしょう。このことは冒頭にも述べたように、性教育の根幹に関わる重要なことです。

　子どもは自分がおとなにどう扱われているか、よく理解しています。おとなのふるまい方を見て自分でも自分や他者のからだへの関わり方を学んでいきます。同意を得ようとすることは、どのような人間関係においても、また性的関係のなかでも重要なことです。人権において取り扱いに注意が必要なSNSは、性教育の基礎となりえる存在だと考えています。

*
例えばBBC NEWS JAPAN
「『ママ、私の写真ネットに上げるのやめて！』米女優と娘それぞれの言い分」https://www.bbc.com/japanese/features-and-analysis-47743003 (2021年2月14日確認)

4 乳幼児期の性教育ガイダンス試案

浅井春夫

性教育をすすめるときに、どのようなプログラムを考えるかということは、とりくみの全体像を構想するときには必要な課題です。とくにこれまでエアーポケットであった乳幼児期の性教育は、先行研究を参考に、試論的な性的発達段階の整理と性教育をすすめるガイダンス（案内、手引き）を作成することは意味があるといえます。

その際、何歳で、どんなテーマ（たとえば「みんななかよく」「性被害」「からだの名称」など）を教えるかという"まずテーマありき"で性教育プログラムを構想し、実践計画を立てる考え方があります。日本では長くそうした考え方に基づいて性教育が組み立てられてきました。

国際的な性教育実践のすすめ方は、いわば"課題主義"といわれる考え方で、子どもたちの現実と課題、子どもたちの生活環境の実際を踏まえて、「いま何を子どもたちに伝えたいのか」から出発する性教育の実践のあり方です*。そうした課題主義の立場から、ここでは私たちの性教育の実践的課題を考えてみます。

性教育の3つの柱

性教育には3つの柱があります。

1つめの柱は、集団的な学びの方法による実践です。それは一定のグループ（クラス、クラスを小集団に分けたグループ、意図的に組み合わせた集団など）に向けての、絵本や紙芝居、図鑑などを使って、あるいは職員集団による劇などを通して、性に関する内容を子どもたちに語りかけ、話し合う学びの方法です。

科学的で正確な事実を学ぶことは、思い込みやフェイク、迷信に惑わせられないためにはとても重要です。同時にこの集団的な学びの方法は、子どもとのコミュニケーションを楽しむ余裕をもつことが大切なポイントです。そのためには保育者が性教育の基本的な理論を学んでおくことが必要になります。

2つめの柱は、保育のなかの具体的な出来事を取り上げたり、子どもの疑問・質問・問いかけに応えたりなどと、日常生活のなかで子どもが関心のあることをおとなが説明したり、問いかけをしたりすることがあげられま

---

*テーマ主義と課題主義に関しては、浅井春夫『包括的性教育』第2章「性教育におけるテーマ主義と課題主義」を参照されたい。

す。このような個別的に子どもとのコミュニケーションをとる方法は、日常のなかでの出来事を取り上げるので、臨機応変に子どもたちの問いかけに説明をしていく力量が求められることになります。その点では話す側が幼児期の子どもたちにわかりやすく伝える実践力が問われることになります。

　性的発達と生活のなかのさまざまな局面についての知識が必要な一方で、これらの実践で留意しておきたいことは、教え込みに力点が置かれないようにすることです。

　さらに3つめの柱は、保育者と保護者の性の学びです。子どもたちに語るためには、おとなの側が性教育に関する本を読みこなしておくことが必要になります。その学びは自分自身の性をめぐる人間関係とからだの学習になります。おとなたちが自己変革をしながら、子どもたちに語っていってこそ、伝わっていきやすいのです。この『ハンドブック』もそうですが、おとなたち自身の学びを通して、語ってみたいというチャレンジする意思が湧いてくるのです。

性的発達段階のポイント

　「表1　性的発達のプロセス」(108～109ページ)について解説します。この表で示した統計数値は、子ども・青年の性的発達について、6つの角度から取り上げたものです。ここでは乳幼児期に絞って読み取りのポイントを箇条書き的に整理しました。その数字を実際の子どもたちの現実・事実と重ね合わせながら、性教育実践の課題・目的・テーマ・方法などを構想していくうえで、参考にしていただければと思います。

　(1)乳幼児期は、「①主な発達的な出来事」にあるように、「基本的自己カテゴリー(区分)の形成」の時期でもあります。「基本的自己」とは、自分で自分を捉えたときのイメージで、自己像のことをいいます。

　「②からだの発達」では、「幼児期は一生のうちでからだの成長が著しい時期である」のですが、「とくに脳と神経系は著しく発達する」時期でもあります。この時期こそ具体的な事実に基づいて性の知識を積極的に吸収する時期でもあります。自らの「からだの発達」をどのようにポジティブに受け止めていくのかを子どもたちに伝えていく課題があります。

　とくに3歳では「③性機能の変化」として、すでに性器が快感をともなう器官であることを体感するようになります。「性器タッチ」はまさに必然でもありますし、男の子の場合、勃起という変化が性器にあることを知ります。それは自らのからだへの関心を体感することを意味しています。その「性機能の変化」に関心を注ぐことは「性と生殖にかかわる器官も含め、自分のからだを知りたいと思うことはまったく自然なことであると認識する(態度)」[*]ことでもあります。こうした観点から性を語ることをすすめたいものです。

　一方でこの時期は、次の④の課題に関わって、さまざまなジェンダーの刷り込みや暴力文化の注入などのメディア情報が無批判なままに子どもたちに入り込んでくる可能性が大きい時期でもあるのです。

＊『改訂版　国際セクシュアリティ教育ガイダンス』明石書店、2020、128ページ)

「④性意識・ジェンダー認識」では、３歳前後で性別を認識できるようになるのが一般的ですが、乳幼児期に刷り込まれたジェンダーバイアス（偏見）が年齢とともに蓄積され固定化されていくことになりやすいのが現実です。したがって、セクシュアリティの理解とジェンダー平等の視点を、人生はじめの幼児期の子どもたちがどう学んでいくのかという課題が投げかけられているといえます。

「⑤性についての関心と知識」は、０～４歳と４～６歳では発達的にみて、大きく分けています。０～４歳では、自分のからだや特徴を具体的にみて認識するようになりますが、４～６歳では具体的なヒトやモノでなくても、絵や写真を通して事実を理解する能力が形成されつつあります。想像力を働かせて、また絵と現実をつなげて考えることができるようになっているという点で飛躍的発達の時期といえます。つまり、４歳は性教育をすすめるために絵本や図鑑などを使って、正面から学んでいく飛躍の年齢でもあるのです。子どもたちの年齢と発達段階を踏まえて、「性についての関心と知識」を豊かにはぐくむことが課題となっています。

「⑥性行動の変化」は、快・不快の判断ができる感覚が形成されてきますので、そのことをどう認識して、どのような対応をしていくことが必要かを学ぶ課題があります。この点は性被害防止、性的虐待防止に関わる重要な課題でもあります。

また性器タッチをすることは性的快感という面もありますが、安心感といった面もあります。手持無沙汰な状況も性器タッチへとつながる条件ということができます。いずれにしても気にしすぎないことが大切です。女の子も男の子の場合も、性器への何らかのタッチによって、安心感や性的快感を得て、ソロセックス（自慰、マスターベーション、セルフ・プレジャー）につながることもあります。とくに幼児においても無害という医学的前提を踏まえて冷静に受けとめていればいいでしょう。やめさせるような言動をおとながすれば、隠れてすることになります。その点であえていえば、幼児も性的存在であるということを再認識することがおとなたちに求められています。

また性用語（隠語や卑猥語を含めて）を使いたがるのも、この時期の子どもたちの特徴です。子どもにとっては新しい知識を吸収しているのですから、そのときこそ学んでほしい知識・態度・スキルをどう伝えるのかを、私たちが考えてみましょう。はじめての性教育のチャンスとして受け止め、チャレンジしていきたいものです。

「乳幼児期の性教育ガイダンス」（試案）とは

子どもたちは自らのセクシュアリティ（その人らしい性のあり方）とともにあります。子どもは年齢に応じた独自のセクシュアリティの特徴をもっています。人間のセクシュアリティは受精のときからはじまって一生を通して発達します。人間のセクシュアリティはさまざまな要素から構成されており、年齢とともに発達をしていく特徴を踏まえて、乳幼児期の性教育ガイダンス（案内、手引き）を考えてみたいと思います。

ガイダンスとは、『日本大百科全書ニッポニカ』（小学館）によれば「個人的幸福および社会的有用性を目ざして、個人が自らの努

表1　性的発達のプロセス

性的発達の柱	(1)乳幼児期	(2)小学校低学年	(3)小学校高学年
①主な発達的な出来事	年齢や性別の基本的自己カテゴリー（分類・区分）の形成 2歳児 2語文を話せる 3歳 男女の違いをある程度理解できる 4～6歳 文字が読めるようになる	7・8歳 具体的なものを使えば、論理的思考ができるようになっていく "9歳・10歳の壁"を超えて、大きな成長期となる転換の時期	抽象的思考の芽生え 性的成熟が始まる 幼児期を離れ、物事をある程度対象化して認識することができるようになる 人間関係を構造化して理解できるようになる
②からだの発達	幼児期は一生のうちでからだの成長が著しい時期である 身長や体重、からだの基礎となる骨格や内臓器官、呼吸や循環機能、体温調節や消化吸収の機能が発達する時期である とくに脳と神経系は著しく発達する	【男性の性徴がみられる時期】 精巣:10歳半～17歳 性毛:11歳～14歳 ペニスの伸長:11歳～15歳 声変わり:10歳半～18歳 体型の変化:12歳～17歳 【女性の性徴がみられる時期】 乳房発達の開始:8歳～13歳 性毛:8歳～14歳 体型の変化:11歳～15歳半 初経:11歳～14歳　　　　（出典3）	男児の場合、性的変化は陰嚢と精巣の成長で始まり、陰茎の伸長ならびに精嚢および前立腺の成長へと続く。次に性毛が現れる。精通がある年齢の中央値（米国では12歳半から14歳の間）は心理学的、文化的、および生物学的要因の影響を受ける ほとんどの女児で、乳房のふくらみが性的成熟の目に見える最初の徴候であり、続いてすぐに、成長スパートが始まる。その後まもなく、性毛が出現する　　（出典3）
③性機能の変化	性器には快感があることを知る. ペニスの勃起を体験している	中学生累計 精通経験 9歳　0.7%（累計1.8%） 初経経験 8歳　0.3% 9歳　1.3%（累計1.6%）　　（出典1）	中学生累計 精通経験 10歳　4.8%（累計6.6%） 12歳　30.9%（累計48.5%） 初経経験 10歳　8.0%（累計9.6%） 11歳　26.2%（累計35.8%） 12歳　36.7%（累計72.5%）　（出典1）
④性意識・ジェンダー認識	1歳児クラスではほとんど男女差はみられないが、2歳半～3歳ではほとんどの子どもが自分の性別を認識。3歳児クラスではジェンダー意識が固定化の方向へ （出典4）	「異性と遊ぶこと」は「楽しい」 小1男子　50.9% 小1女子　64.9% 小3男子　38.9% 小3女子　56.8% 小4男子　26.4% 小5男子　14.9%と低下　（出典6）	性自認 「男に生まれてよかった」 小6　83.1% 「女に生まれてよかった」 小6　57.0% 異性への関心 小4男子　61.2% 小4女子　75.9%　　　（出典6）
⑤性についての関心と知識	【0～4歳】 性器を含めた、からだの部位の名称が言えるようになる 自分の変化や成長を言うことができる 自分が男の子か女の子かを言える 【4～6歳】 性器を含めた、男の子と女の子の違いを言うことができる 人の身体的発達の違いを言うことができる 赤ちゃんがどのようにしておなかで育つのかを言うことができきるようになる いろいろな家族構成があることを言えるようになる　　　　　　（出典5）	「初めて性的なことに関心をもったのは何歳の時でしたか」 6歳男子　0.6%（累計1.0%） 9歳男子　3.5%（累計6.3%） 6歳女子　0.8%（累計1.5） 9歳女子　4.7%（累計6.3%）　（出典1）	「初めて性的なことに関心をもったのは何歳の時でしたか」 性的な関心をもった中学生の割合は、男子「ある」46.2%、「ない」50.6%、「DK.NA」3.1%、 女子「ある」28.9%、「ない」68.4%、「DK.NA」2.7% （　）は累計数値 10歳男子　12.3%（18.6%） 11歳男子　17.7%（36.3%） 12歳男子　29.3%（65.6%） 10歳女子　15.8%（22.1%） 11歳女子　16.4%（38.3%） 12歳女子　25.6%（64.1%）（出典1）
⑥性行動の変化	快いタッチと不快なタッチを認識できる 性器タッチをすることもよく見られる—男女ともにあるが、男の子に多く見られる あまり意味を知らないで、性用語、俗語などを使う場合がある 「どうして男の子には、おちんちんがあるの」という質問などをするようになる　（出典5）	「初めて自慰を経験したのは何歳でしたか」 （経験あり）は中学男子で25.4%、女子7.6% 経験ありの100%のうち、 7歳男子　0.5% 8歳男子　1.0% 9歳男子　1.5% 7歳女子　1.2% 8歳女子　0.6% 9歳女子　4.3%　　　　（出典1）	「初めてキスの経験をしたのは、何歳のときでしたか」 （経験あり）は中学男子で9.5%、女子は12.6%で経験者を100%として、 10歳男子　7.3%（累計16.5%） 11歳男子　6.0%（累計22.5%） 12歳男子　11.5%（累計34.0%） 10歳女子　4.8%（累計20.8%） 11歳女子　6.7%（累計27.5%） 12歳女子　16.7%（累計44.2%）　（出典1）

（注）「DK.NA」はわからない、無回答

（出典）　1　日本性教育協会協会編『「若者の性」白書－第8回青少年の性行動全国調査報告書－』小学館、2019
　　　　　2　日本財団「18歳意識調査　第6回－セックス調査報告書」同、2018年12月18日公表
　　　　　3　「MSDマニュアル　プロフェッショナル版」https://www.msdmanuals.com/ja-jp/ プロフェッショナル

性的発達の柱	(4)中学生	(5)高校生	(6)大学生
①主な発達的な出来事	保護者や教員、友人とは異なる自分独自の内面の世界があることに気づきはじめる反面、自己認識と現実との違いに悩み、さまざまな葛藤の中で、自らの生き方を模索しはじめる時期である。親からの心理的自立の芽生えとともに、友人の影響がいっそう強まる	記憶容量がピークになる 自分を振り返り、過去・現在・未来を総合的に理解しようとする	社会的な自立が多様な形で開花する可能性をもっている時期である アイデンティティの獲得と未形成のなかでのゆらぎ
②からだの発達	思春期に成長促進するのは、主に男子では男性ホルモン（テストステロン）、女子では女性ホルモン（エストロゲン） ペニスがおとなの大きさになるには、思春期が始まってから8〜10年かかる 乳うん現象もみられる	男児の成長スパートは12〜17歳の間に起こり、典型的には13〜15歳の間にピークがみられ、成長速度がピークに達する年には10cm以上の身長の伸びが予想される。女児の成長スパートは9歳半〜14歳半の間に起こり、典型的には11〜13歳半にピークがみられ、成長速度がピークに達する年には9cmの身長の伸びがみられることもある。 （出典3）	
③性機能の変化	「射精経験はありますか」 「ある」37.2％、「ない」57.6％、「DK.NA」5.2％ 「いままでに、月経はありましたか」 「ある」81.2％、「ない」14.1％、「DK.NA」4.7％　　　　　（出典1）	「射精経験はありますか」 「ある」84.1％、「ない」10.9％、「DK.NA」5.0％ 「いままでに、月経はありましたか」 「ある」94.3％、「ない」1.4％、「DK.NA」4.3％（出典1）	「射精経験はありますか」 「ある」94.1％、「ない」2.2％、「DK.NA」3.7％ 「いままでに、月経はありましたか」 「ある」97.2％、「ない」0.7％、「DK.NA」2.0％　　　　　（出典1）
④性意識・ジェンダー認識	「同性どうしの結婚は認められるべきだ」「そう思う」男子15.2％、女子24.8％、「どちらかといえばそう思う」同じく22.7％、25.5％、「どちらかといえばそう思わない」10.0％、11.5％、「そう思わない」23.7％、13.3％、「わからない」31.4％、24.2％ 「男性は外で働き、女性は家庭を守るべきだ」「そう思う」男子11.0％、4.9％、「どちらかといえばそう思う」同じく16.9％、13.3％、どちらかといえばそう思わない」16.9％、22.7％、「そう思わない」37.9％、50.0％、「わからない」16.2％、8.6％　（出典1）	「同性どうしの結婚は認められるべきだ」「そう思う」男子18.8％、女子35.4％、「どちらかといえばそう思う」同じく22.1％、24.8％、「どちらかといえばそう思わない」9.1％、7.6％、「そう思わない」17.2％、8.2％、「わからない」31.4％、22.6％ 「男性は外で働き、女性は家庭を守るべきだ」「そう思う」男子7.3％、3.5％、「どちらかといえばそう思う」同じく12.9％、8.9％、どちらかといえばそう思わない」21.8％、21.6％、「そう思わない」44.0％、56.1％、「わからない」12.7％、8.2％.　　（出典1）	「同性どうしの結婚は認められるべきだ」「そう思う」男子36.1％、女子52.5％、「どちらかといえばそう思う」同じく33.4％、31.7％、「どちらかといえばそう思わない」6.6％、4.2％、「そう思わない」7.0％、1.7％、「わからない」16.0％、8.8％ 「男性は外で働き、女性は家庭を守るべきだ」「そう思う」男子4.2％、0.8％、「どちらかといえばそう思う」同じく10.4％、5.9％、どちらかといえばそう思わない」25.8％、25.1％、「そう思わない」52.8％、64.2％、「わからない」6.1％、2.9％　　（出典1）
⑤性についての関心と知識	「性について知りたいこと」上位4項目 「特に知りたいことはない」 中学男子 ①59.3％ 中学女子 ①53.2％ 「恋愛」 中学男子 ②13.0％ 中学女子 ②17.5％ 「セックス」中学男子 ③12.1％ 「性感染症」中学男子 ④10.0％ 「性的マイノリティ」中学女子 ③11.1％ 「男女の心の違い」中学女子 ④10.5％ （出典1）	「性について知りたいこと」上位4項目 高校男子 ①「特に知りたいことはない」59.9％、②「恋愛」16.2％、③「セックス」14.5％、④「男女の心の違い」11.5％ 高校女子 ①「特に知りたいことはない」54.4％、②「恋愛」18.4％、③「男女の心の違い」13.7％、④「セックス」9.8％ （出典1） 17〜19歳の男女対象 「避妊の必要性」を感じているは全体の86.7％。避妊の必要性を感じない理由は、「大丈夫だと思うから」（26.9％）で最も多い。性に関する情報源として最も多いのは「Webサイト」55.8％、「友」50.2％、「SNS」31.4％が上位にあがっており、4位に「教師」16.4％、「本・雑誌」「動画」などと続き、「家族」は5.5％となっている。（出典2）	「性について知りたいこと」　　大学男子①「特に知りたいことはない」48.5％、②「恋愛」20.2％、③「セックス」14.4％、④「性的マイノリティ」11.1％ 大学女子 ①「特に知りたいことはない」38.0％、②「恋愛」20.9％、③「男女の心の違い」20.6％、④「性的マイノリティ」18.3％ （出典1）
⑥性行動の変化	性的な意味でキス経験 中学男子 9.5％ 中学女子 12.6％ 性交経験 中学男子 3.7％ 中学女子 4.5％ 異性との交際-付き合っている 中学男子 32.6％ 中学女子 34.4％ 自慰の経験 中学男子 25.4％ 中学女子 7.6％　　（出典1） 初体験年齢 17歳 24.7％、16歳19.8％、18歳17.9％で高校生全体で62.4％を占める。10歳以下で2.5％　　　（出典2）	避妊の実行状況 「いつも避妊」 高校男子 72.7％ 高校女子 58.2％ 性交経験 高校男子 13.6％ 高校女子 19.3％ デートしている相手がいる 高校男子 32.8％ 高校女子 43.1％　　（出典1）	現在、デートしている相手がいますか 大学男子 41.1％ 大学女子 47.2％ 性的な意味でキス経験 大学男子 59.1％ 大学女子 54.3％ 自慰の経験 大学男子 92.2％ 大学女子 36.8％ 性交経験 大学男子 47.0％ 大学女子 36.7％　　（出典1）

4　柏木恵子・高橋惠子『心理学とジェンダー』有斐閣、2003
5　リヒテルズ直子『0歳からはじまる オランダの性教育』日本評論社、2018
6　東京都幼・小・中・高・身障性教育研究会編『2002年調査　児童・生徒の性』学校図書、2020

力によって、可能性を発見し発達させること
ができるように助力する過程である」と定義
されています。ちなみにガイドラインは指標、
指針と訳されることが一般的です。

　ここでは2020年に翻訳書が発行された
ユネスコ編『改訂版 国際セクシュアリティ
教育ガイダンス』（以下「改訂版ガイダンス」
と略記）の８つのキーコンセプト（重要な考
え方）に応じて、性教育の課題を整理してい
ます。「改訂版ガイダンス」は、対象年齢を「学
習目標（5〜8歳）」「学習目標（9〜12歳）」
「学習目標（12〜15歳）」「学習目標（15
〜18歳以上）」と設定しており、0〜4歳
は対象とはなっていません。

　したがって小稿は、その設定されていない
0〜4歳を含む6歳までの「乳幼児期の性教
育ガイダンス」を試作してみました。それに
基づいて、何を課題として捉えるべきかにつ
いて説明してみます。

　キーコンセプトに即して、0〜4歳と4〜
6歳とに分けて、提起します。

キーコンセプト1
人間関係－家族と友だち関係を中心に

【0〜4歳】子どもたちはさまざまな家族の
なかで暮らしています。家族の形態はさまざ
まであることを知ることが大切ですし、それ
ぞれの家族の形を素直に受け入れ、尊重した
表現ができることをはぐくむ課題がありま
す。友だち関係もまたさまざまであり、なか
よくできる方法を学ぶ課題があります。
【4〜6歳】家族のメンバーはどんな役割を
もっているかを知り、助け合う具体的な方法
を学ぶことが大切です。家族関係の基本は子

どもを育てたいと思うおとながいて、育てら
れていることをいいなと感じている子どもが
いることです。友だち関係にはよい関係と悪
い関係があることを知り、その関係の評価が
できるとともに友だち関係をどうつくること
ができるのかを学ぶことがあげられます。

キーコンセプト2
価値観、人権、文化、セクシュアリティ

【0〜4歳】何を大切なことと考え、大切に
すべきかを考え、そうでないことは何かを具
体的に知ることが学びの課題です。そのうえ
で大切にしたいことは人によって違うことを
理解することです。誰もが大切にされる存在で
あることを学びと体験を通して確信すること
です。いやなことをされたときに具体的な行動が
とれ、人に優しくすることとはどのようなこと
かを実際にできる課題があります。
【4〜6歳】自分が大切にしたいことは何か
が言えること、そのうえで他の人が違った価
値観をもっていることを理解できることも重
要です。誰もが人権をもっている存在である
ことを確信し、人権が日常生活のなかでどの
ようにあるのかを学ぶ課題があります。その
意味で保育者が人権を日常生活の課題として
子どもたちにどのように伝えていくことがで
きるのかが問われています。

キーコンセプト3
ジェンダーの理解

【0〜4歳】男の子と女の子の違いと共通項
を考えることを踏まえながら、性別によって
許されることと許されないことがあることに

ついて問いかける課題があります。とくに男の子の暴力やいじめ行為があることを問題として取り上げ、それは間違った行為であることを共通認識とし、また暴力の事実を知ったら、おとなに助けを求める方法を学ぶ課題があります。

【4〜6歳】男の子と女の子で不平等があることを話し合うことで、自分の意見を言えるようになること、またジェンダーに関係なく、平等な接し方ができるようになること、そして暴力があった場合に、どのように対応すべきかを学び、信頼できるおとなに伝える具体的方法の獲得は重要な課題です。

【0〜4歳】いじめや暴力は間違った行為であることを理解できるようになることが優先課題です。そのうえで人がいやがることはしない、被害者は決して悪くないこと、信頼できるおとなに事実を伝えるなど、具体的に学ぶことが必要です。からだはプライベートな存在であり、いやなふれあいに対して感覚的に認識し、そのことを言語的に表現できることを学ぶ課題があります。

【4〜6歳】自分のからだは自分のものという権利認識をはぐくむ課題を基本に、自分のからだに触られることがあった場合に、不快であれば明確な否定の意思表示ができるようになること、さらにそれらのことをおとなに伝えることができることが重要です。メディアリテラシーについても安全な使い方とともに危険性や落とし穴があることも具体的に伝えることが課題となります。

【0〜4歳】自分のからだの調子に関して、具体的に言葉にして伝えることができることは大切な課題です。どこが、どのように調子が悪いか、いつもと違うのかを伝えられるようにできることが大切です。メディアにはさまざまなものがあり、自分が使いたいメディアはどのようなものかを選択できることも重要な課題です。

【4〜6歳】友だちからの影響にはよい場合も悪い場合もあることを説明できる課題があげられます。メディアには間違った情報が少なくないことを具体的に知らせることも課題としてあります。誰もが自分に関する事柄について意思決定できることは権利であるとともに、決めたことについて説明できることが重要な課題です。決定をする際にはおとなの助けをどのように求めればよいかを判断できることも伝えるべき課題です。

【0〜4歳】性器を含めてからだのそれぞれの部位の名称を言えることは基本的な課題です。からだの名称に関しては、学びのはじめから適切な言葉・用語を使うことが混乱を避けるためにも必要ではないでしょうか。それぞれの現場で検討していただければと思います。からだを大切にするとは具体的にどのようにするのかを伝えることも課題です。

【4〜6歳】性器を含めてからだの部位と機能

を理解する課題が重要です。からだをポジティブに受容できるための情報をどのように提供するかが課題です。卵子と精子が結合する妊娠のしくみ、自らのルーツについて具体的な方法で学ぶ課題があります。そのことを通して自らのからだの学習と発達の見通しをもつことを援助する課題があります。

【0〜4歳】自分のからだが気持ちよいことを知ることは自然なことであり、誰が自分のからだにふれてよいのかを判断できる課題があります。とくにふれあいにおける快・不快を認識できるちからをはぐくむことが重要です。不快なふれあいであれば明確に拒否する態度と言葉を獲得する表現を具体的に伝えていくことが課題となります。
【4〜6歳】自分のからだの気持ちよさを知り、快いふれあい（タッチ）と不快なふれあいを明確に分けることを体得する課題があります。友情や愛情のさまざまな表現方法も伝えていきたいものです。友だち関係をつくることができるし、関係を維持するちからをはぐくむ課題があります。

【0〜4歳】赤ちゃんがどのようにしてできるかのプロセスをおおよそわかっていることも課題です。胎児の育ちに関しては、「赤ちゃんは子宮と呼ばれる体内の特別な場所で育つ」ことを絵本を見ながら説明することで基本的

な理解ができます。からだや生殖に関することで、知りたいことがあればおとなに質問できることは性を話し合えるためにもこの時期に獲得したい関係です。性やからだへの偏見のない年齢のときに、楽しい会話を通しながら、絵本も使って伝えていきたいですね。
【4〜6歳】感染症のしくみについて具体的に学び、その危険性と感染を防ぐ基本的な方法を理解することが課題です。病気になってもその人が責められるべきではなく、感染し病気になったところからケアとサポートが必要であるという共通認識をはぐくむ課題があります。病気になったら治療とケアを受けることは医療を受ける権利として保障されることが大切にされる必要があります。

　以上が乳幼児期の年齢別の性教育ガイダンスのポイントですが、こうした内容を踏まえて、それぞれの現場で何を性の学びの課題としていくのかを検討し、実践計画を立てていく必要があります。

　率直にいってなかなかすぐにはわかりにくい内容もあると思いますが、これまでほとんど手つかずの分野にチャレンジするためには困難に向かう勇気が求められます。そのためにはぜひ翻訳書『改訂版 国際セクシュアリティ教育ガイダンス』（明石書店）と浅井春夫『包括的性教育』（大月書店）を参考にしていただきたいと思います。

　人生を歩みはじめている子どもたちに、人間の性に誠実に向き合うちからをはぐくんでいきたいものです。

表2　乳幼児期の性教育ガイダンス試案

	キーコンセプト1 人間関係－家族と友だち関係を中心に	キーコンセプト2 価値観、人権、文化、セクシュアリティ
0〜 4歳	**キーアイデア**　家族はいろいろな形がある **学習者ができるようになること** ・家族にはいろいろな家族があることを知る（知識） ・自分の家族の構成を言うことができる（知識） ・家族のさまざまな形について尊重した表現をする（態度） ・家族にはいろいろな家族があることを話す（スキル）	**キーアイデア**　何が大切なことで、何があまり大切なことではないかを知る **学習者ができるようになること** ・大切にすべきこと、そうではないことを具体的に知る（知識） ・大切にしたいことは、人によって違うこともよくあることを認識する（態度） ・他の人が大切にしたいことについてわかろうとする（スキル）
	キーアイデア　友だち関係にはさまざまな形がある **学習者ができるようになること** ・友だちとは何かを考える（知識） ・友だち関係をつくる（態度） ・なかよくする方法を実際にできる（スキル）	**キーアイデア**　一人ひとりは大切にされる存在である **学習者ができるようになること** ・優しくすることといやなことをすることを明らかにすることができる（知識） ・いやなことをされたら、「いやだよ!」と言える（態度） ・優しくすることとはどのような行為を実際にできる（スキル）
4〜 6歳	**キーアイデア**　家族のメンバーはいろいろな役割をもっている **学習者ができるようになること** ・家族のなかのメンバーがどんな役割をもっているのかを知っている（知識） ・家族のなかで助け合う実際の方法を知っている（態度） ・一人ひとりのニーズや役割を家族のなかで伝え合う（スキル）	**キーアイデア**　価値観は、何が大切で、大切ではないかを判断する **学習者ができるようになること** ・自分が大切にしたいことは何かを明らかにする（知識） ・人は違った価値観をもっていることを認識する（態度） ・他者がもっている価値観を受け入れることもできる（スキル）
	キーアイデア　友だち関係にはいろいろな関係がある **学習者ができるようになること** ・いろいろな友だち関係を知る（知識） ・友だち関係にはよい関係と悪い関係がある（知識） ・いろいろな友だち関係を評価できる（態度） ・いろいろな友だち関係をつくる（スキル）	**キーアイデア**　すべての人に人権がある **学習者ができるようになること** ・人権、人間の尊厳について何かを考え学ぶ（知識） ・人権は身のまわりでどのようにあるのかを明らかにする ・誰にも人権があり、それは尊重されるべきことがわかる（態度） ・人権について学ぶにはいくつもの方法と情報があることを知る（スキル）

	キーコンセプト3 ジェンダーの理解	キーコンセプト4 暴力と安全確保
0〜 4歳	**キーアイデア**　男の子と女の子の違いと同じところ はどこかを考える **学習者ができるようになること** ・女の子に比べて、男の子だから許されていることがあ ることを知る(知識) ・女の子だからやってはダメ!ということの問題を考える (態度) ・男の子と女の子の違いと同じところがあることを具体 的に知る(スキル)	**キーアイデア**　いじめ、暴力は間違った行為である **学習者ができるようになること** ・人がいやがることはしない(知識) ・いじめ、からかい、暴力とは何かを明らかにする(知識) ・いじめや暴力は間違った行為であり、被害者は決して 何も悪くはないことを認識する(態度) ・「いやだ!　やめて!」と表現する(態度) ・いじめ・暴力・虐待を受けた場合に、信頼するおとなに 事実を伝える(スキル)
	キーアイデア　ジェンダーに基づく暴力はさまざまな 場で起こりやすい **学習者ができるようになること** ・さまざまなジェンダーに基づく暴力があることを認識す る(知識) ・ジェンダーに基づく暴力は、間違った行為であることを 認識する(態度) ・暴力を見た場合、信頼できるおとなに助けを求める(ス キル)	**キーアイデア**　からだ全体がプライベートな存在である **学習者ができるようになること** ・どうしてからだはプライベートな存在かを説明する (知識) ・からだにふれられていやな感覚を認識する(態度) ・いやな感覚を言語化する(スキル)
4〜 6歳	**キーアイデア**　ジェンダーに関係なく、すべての人は 平等である **学習者ができるようになること** ・男の子、女の子であることで不公平、不平等に扱われ るのかを明らかにする(知識) ・他の人の人権を尊重することは重要なことであること がわかる(態度) ・ジェンダーの違いに関係なく、平等に接する(スキル)	**キーアイデア**　誰もが自分のからだにどのようにふれる のかを決める権利をもっている **学習者ができるようになること** ・「からだの権利」の意味について説明する(知識) ・からだのどこがプライベートな部分かを明らかにする (知識) ・自分が不快だと感じる触られ方をした場合は、どのよう な対応をするのかをはっきりと示す(スキル) ・不快な触られ方をしたと感じた場合に、親や保護者、 信頼できるおとなにどのように伝えるのかを具体的に示 し、説明する(スキル)
	キーアイデア　ジェンダーに基づく暴力への対応が できることは重要である **学習者ができるようになること** ・さまざまな場でジェンダーに基づく暴力が起こりうるこ とを認識する(知識) ・ジェンダーに基づく暴力は間違っていることを認識する (態度) ・信頼できるおとなに伝えるべきかを認識し、説明する (スキル)	**キーアイデア**　情報通信技術(インターネットや ソー シャルメディア)は安全な使い方も、危 険な使い方もある **学習者ができるようになること** ・情報通信技術とはどのようなものが説明する(知識) ・リスクとポジティブな両面を評価する(態度) ・不快な映像などを見たら、信頼できるおとなに伝える (スキル)

（参考文献）
1　ユネスコ編、浅井・艮・田代・福田・渡辺訳『改訂版 国際セクシュアリティ教育ガイダンス』明石書店、2020（原著は 2018）
2　ＷＨＯヨーロッパ地域事務所・ドイツ連邦健康啓発センター「ヨーロッパにおける性（セクシュアリティ）教育スタンダード」(2010)
3　リヒテルズ直子『0歳からはじまるオランダの性教育』日本評論社、2018、付録「国立カリキュラム研究所（SLO）性教育学習ライン」220 〜 226 ページ

	キーコンセプト5 健康とウエルビーイング（幸福）のためのスキル	キーコンセプト6 人間のからだと発達
0〜 4歳	**キーアイデア** 自らのからだの調子について言葉で伝える **学習者ができるようになること** ・自分のことも言えるとともに、他の人の言葉も聞く（態度） ・どこが痛いか、気持ちが悪いかを具体的表現する（スキル）	**キーアイデア** 性器を含めて、からだの部位の名称を言える **学習者ができるようになること** ・自分のからだを知りたいと思うことは自然で当然のことであると認識する（態度） ・自分のからだとからだの部位の名称を一致させて理解する（知識）
	キーアイデア メディアには正しい情報を提供するものと、間違った情報を提供するものもある **学習者ができるようになること** ・さまざまなメディアの種類をあげる（知識） ・メディアからの情報は間違った内容があることを知る（態度） ・自分が使えるメディアについて選択する（スキル）	**キーアイデア** 自らのからだにポジティブな感情と実感を抱く **学習者ができるようになること** ・人のからだはそれぞれ違っており、すばらしいことがわかる（知識） ・「からだっていいな」という感覚と認識をもてる（態度） ・自分のからだを大切にすることを具体的に知る（スキル）
4〜 6歳	**キーアイデア** 友だちからの影響はさまざまであり、よい場合も悪い場合もある **学習者ができるようになること** ・友だちからのよい影響と悪い影響の例を説明する（知識） ・友だちからの影響にはよいものと悪いものがあることに気づく（態度） ・友だちに影響を与えるポジティブな行動のモデルをつくる（スキル）	**キーアイデア** 性器を含めて、からだの部位の名称を正確に言えるようになり、その部位の機能を理解できる **学習者ができるようになること** ・からだの機能について説明する（知識） ・性器の名称と機能について絵本を見ながら説明する（知識） ・自らのからだに誇りをもつことの意味を考える（態度）
	キーアイデア 誰もが自らの意思を決めることはできる存在である **学習者ができるようになること** ・自分が決めたことについて説明する（知識） ・自分が決めたことでよい結果あるいは悪い結果をもたらすことがあることの具体例を明らかにする（知識） ・自分が意思決定をするときに、親や保護者、信頼できるおとなの助けが必要なことを認識する（態度） ・どんなおとなに助けを求めればよいのかを判断する（スキル）	**キーアイデア** 妊娠は、卵子と精子が結合し、子宮に着床してはじまる **学習者ができるようになること** ・生殖と妊娠のプロセスについて絵本を見ながら理解する（知識） ・胎児の成長を理解する（知識）

4 浅井春夫・艮香織・鶴田敦子編著『性教育はどうして必要なんだろう？』大月書店、2018
5 浅井春夫『子どもの性的発達論入門』十月舎、2005、第8章 性的発達を踏まえた性教育プログラムの提案」128〜145ページ

	キーコンセプト7 セクシュアリティと性的行動	キーコンセプト8 性と生殖に関する健康
0〜 4歳	**キーアイデア** 自分のからだを楽しみ、ほかの人と仲よくなることは自然なことである **学習者ができるようになること** ・思いやりのある優しいふれあいを認識できる(知識) ・いやなふれあいをはっきりと示すことができる(態度) ・誰が自分のからだにふれてよいか、自分がほかの人のからだのどこをふれてよいかを表現する(スキル)	**キーアイデア** 赤ちゃんがどこからくるかをおおよそわかっている **学習者ができるようになること** ・妊娠は卵子と精子が結合することからはじまり、子宮のなかで約9か月を経て、産道から膣口を通って生まれることを理解する(知識) ・からだと生殖に関することで疑問や知りたいことがあれば、言葉で聞く(態度) ・からだや生殖に関して疑問や知りたいことがあれば、おとなに質問をする(スキル)
	キーアイデア 快いふれあいと不快なふれあいがわかる **学習者ができるようになること** ・誰かに触れられて不快なときは拒否してよいことを知る(知識) ・他者に対してしていいことと悪いこと、不適切な言動を分ける(態度) ・触れられて不快なときは「いやよ!」「やめて!」ということができる(スキル)	**キーアイデア** 妊娠と生殖は自然な生物学的プロセスであり、妊娠をするしくみを理解している **学習者ができるようになること** ・すべてのカップルが子どもをもつわけではないことを認識する(知識) ・自分たちの健康を守るためにできることをあげる(知識) すべての子どもはケアされ、愛されるべきであることを説明する(態度)
4〜 6歳	**キーアイデア** 自分のからだが気持ちいいことを知り、快いふれあいがわかる **学習者ができるようになること** ・「よいタッチ」と「悪いタッチ」を明らかにする(知識) ・いつ、どこで、どのように自分のからだにふれてよいのかを認識している(知識) ・自分のしたいこととしたくないことを分ける判断する(態度) ・誰に助けを求めればよいのかを言う(スキル)	**キーアイデア** 感染症のリスクの理解、危険性の認識と防御の必要性がわかる **学習者ができるようになること** ・「健康」と「病気」の違いを説明する(知識) ・免疫システムはからだを病気から守り、人の健康維持を助ける(知識) ・感染症はさまざまな種類があり、新型コロナウイルスなどからからだを守る方法を身に着けてる(スキル)
	キーアイデア 友情や愛情を表現するさまざまな方法がある **学習者ができるようになること** ・友だちの意味や大切さについて表現する(知識) ・自分が同性や異性の誰と友だちになることができるのかを表現する(態度) ・友だちをつくり、その関係を維持する(スキル)	**キーアイデア** 病気をしているしていないにかかわらず、人は誰もが愛、ケア、サポートを必要としている **学習者ができるようになること** ・人は誰もが愛、ケア、サポートを必要としていることを説明する(知識) ・人はいかにサポート体制が必要であるかを説明する(知識) ・HIVとともに生きている人、コロナウイルスとともに生きる人は、誰もがそうであるように、愛、尊敬、ケアサポートを受ける権利があると認識する(態度)

(作成：浅井春夫)

子どもと
いっしょによむ
性教育の絵本ガイド

絵本は、子どももおとなも楽しみながら、ともに学び合えるツールです。保育・幼児教育の現場や家庭で、ヒントになる絵本をご紹介します。絵や写真、ことばから興味や関心を広げ、子どもの成長・発達をはぐくむ大切な関わりにつながります

（選書・紹介　長瀬初美）

生まれてくることの "なぜ" に向き合う

『幼年版 赤ちゃが生まれる』

ニルス・タヴェルニエ 作／中島さおり 訳／杉本充弘 監修／ブロンズ新社／2008／32ページ
ドキュメンタリー映画「いのちの冒険」をもとにした写真による科学絵本。精子と卵子が赤ちゃんになる神秘と成長をダイレクトに感じられる。

『誕生の詩』

トーマス・ベリイマン 写真・文／ビヤネール多美子 訳／偕成社／1978／85ページ
誕生の瞬間から3時間後までの赤ちゃんの写真集。その人の背景の説明はなく、表情やしぐさから命の尊さと体温を感じることができる。

『ぼくどこからきたの？』

ピーター・メイル 著／谷川俊太郎 訳／河出書房新社／1974／48ページ
独特の絵とユニークな節回しで、赤ちゃんが生まれるまでを描いた絵本。谷川俊太郎さんの名訳が楽しい。思春期編の『なにがはじまるの？』もおすすめ

『ぼくのはなし』

和歌山静子 さく／山本直英 監修／童心社／1992／32ページ
両親・祖父母に囲まれて育った海くんが、とうさんの死を機に、命の誕生やつながりを知るお話。性器や性交などの絵や説明から科学的な話ができる。

『赤ちゃんはどこからくるの？』

平原史樹 監修／井元ひろい 絵／少年写真新聞社／2018／40ページ
「ドキドキワクワク性教育」全4巻の1冊目。命の始まりから生まれるまでの成長や出産時の大きさが優しいタッチの絵と言葉で描かれている。

『ようこそ！　あかちゃん』

レイチェル・グリーナー 文／クレア・オーウェン 絵／浦野匡子・艮 香織 訳・解説／大月書店／2021／32ページ
家族の始まりはそれぞれ。性的同意や人工授精・体外授精、代理出産や帝王切開、誕生死まで、多様性が意識され、正確に事実を伝えている。

からだのしくみから性交、人のつながり

『おちんちんのえほん』

やまもとなおひで 文／さとうまきこ 絵／ポプラ社／2000／37ページ
男女の見た目の違い、からだやパンツの洗い方、性被害、誕生のしくみまでを、優しく温かく描いている。性別問わず初めての学びを楽しめる。

『せっくすのえほん』

みずのつきこ 作／やまもとなおひで 監修／子どもの未来社／2002／44ページ
人間の性の基盤であり、コミュニケーションのひとつであるセックス。題名に戸惑うかもしれないが、話しづらいことをていねいに教えてくれる本。

『性の絵本』

全6巻＋番外編
たきれい 著／アルテクリエイト有限会社／2018／各巻34〜42ページ
「幼児期〜13歳までのわが子に」と、イラストレーターが専門家の協力で制作したシンプルな線画の冊子。筆者のウェブサイトより閲覧・購入できる。

『コウノトリがはこんだんじゃないよ!』

ロビー・H・ハリス 著／マイケル・エンバーリー 絵／上田勢子 訳／子どもの未来社／2020／60ページ
原書は2006年にイギリスで発行。からだや命の誕生、さまざまな国の人・家族・友だちのことが包括的に書かれた4歳からの性と生の専門書。

『あっ! そうなんだ! 性と生』

浅井春夫、安達倭雅子、北山ひと美、中野久恵、星野恵 編著／勝部真規子 絵／エイデル研究所／2014／80ページ
前半は「からだ」「いのち」「わたしとみんな」について1項目1見開きで子ども向けにわかりやすく表現、後半は各内容をおとな向けに解説。

『大切なからだ・こころ』

村瀬幸浩 監修／いがらし あや 絵／少年写真新聞社／2017／38ページ
からだの外側と内側の部位・器官の名前や、暮らしの中の事例を通して、こころとからだの成長が学べる。「ドキドキワクワク性教育」のシリーズ。

『写真集　交尾』

高柳美知子 監修／松本徳重 監修／子どもの未来社／2003／36ページ
さまざまな生き物の交尾の写真集。自然の中の交尾をとおして、生命や人間の性交をより理解できる。時期や様子もわかりやすく解説している。

『子どもを守る言葉「同意」って何?
――YES、NOは自分が決める!』

レイチェル・ブライアン 作／中井はるの 訳／集英社／2020／72ページ
動画「Tea Consent」のアニメーターがわが子に捧げた本。「同意」について、「バウンダリー（境界線）」「自己決定権」についても楽しく学べる。

『おやおやじゅくへようこそ』

浜田桂子 作／ポプラ社／2012／32ページ
塾のこども先生は、「親は子どもの話を聴くことが仕事」と。性の問いかけに答えることがおとなとしての仕事という考えにつながる絵本。

『こんなのへんかな？』

村瀬幸浩 文／高橋由為子 絵／大月書店／2001／35ページ
「これへん？」「へんだと思う？」などと問いかけながら、自由な視点でジェンダー問題を見つめる「ジェンダー・フリーの絵本」全6巻の1冊。

『いろいろいろんな　かぞくのほん』

メアリ・ホフマン 文／ロス・アスクィス 絵／すぎもとえみ 訳／少年写真新聞社／2018／40ページ
家族の形や生活スタイルはいろいろ。それぞれの気持ちもさまざま。その人の個性も人生も色とりどり。多様性とその社会のあり方を学べる絵本。

『タンタンタンゴはパパふたり』

ジャスティン・リチャードソン&ピーター・パーネル 文／ヘンリー・コール 絵／尾辻かな子、前田和男 訳／ポット出版／2008／32ページ
巣作りと子育てをしたいオス2羽のペンギンが、放置されていた卵をかえし家族になる。ニューヨークの動物園の実話をもとにした物語。

『ふたりママの家で』

パトリシア・ポラッコ 文・絵／中川亜紀子 訳／サウザンブックス／2018／47ページ
「ふたりママ」と3人の子どもと地域の人々の日常や人生にふれるあたたかな物語。自分らしい生き方やその社会のあり方を考える1冊。

『マチルダとふたりのパパ』

メル・エリオット 作／三辺律子 訳／岩崎書店／2019／24ページ
仲良しで似た者同士の2人の女の子。違うのは、両親2人がパパであること。お互いを大切にしながら、多様な家族のあり方を知る絵本。

『ココ、きみのせいじゃない』

ヴィッキー・ランスキー 作／ジェーン・プリンス 絵／中川雅子 訳／太郎次郎社エディタス／2004／34ページ
くまの親子の離婚と引越しと2つのお家のお話。「離婚って？」という子どもの問いに一緒に向きあえる。ページごとにアドバイス付き。

『くまのトーマスはおんなのこ』

ジェシカ・ウォルトン 作／ドゥーガル・マクファーソン 絵／川村安紗子 訳／ポット出版プラス／2016／36ページ
父親がトランスジェンダー（FtM）で、自らはバイセクシャルの筆者が、1歳半の息子に読んで聞かせるために作った自作絵本。

『りっとにじのたね』

ながみつ まき 文／いのうえ ゆうこ 絵／リーブル出版／2016／32ページ
くまの国に住む、可愛いものが好きなりっくん。居場所がなく、違う国へ旅に出る。ありのままを受け入れてくれる仲間との心の交流。

『ボクはじっとできない』

バーバラ・エシャム 文／マイク＆カール・ゴードン 絵／品川裕香 訳／岩崎書店／2014／32ページ
まわりに煙たがられていながらも、男の子が自分の特性に気づき、ＡＤＨＤや周囲と向き合いながら自己効力感をもてるようになる物語。

いろいろな人、家族、生き方に出会う

傷つかない、傷つけない関係

『わたしのはなし』

山本直英・和歌山静子 作／童心社／
1992 ／ 32 ページ
「自分のからだやこころは、自分で守り
大切にすること」のメッセージが、洋服
を着ている私、お風呂で裸の私をとおし
てシンプルに伝わる。

『わたしのからだよ！』

ロリー・フリーマン 作／キャロル・ディーチ
絵／田上時子訳／ NPO 法人女性と子ども
のエンパワメント関西／ 1990 ／ 30 ページ
私のからだは私のもの。ふれられて、き
らいなとき、なかよくしたくないときどん
なふうに言うかを、わたし目線で伝える
冊子。ウェブサイトから購入。

『とにかくさけんでにげるんだ』

ベティ・ボガホールド 文／安藤由紀訳／
河原まり子 絵／岩崎書店／ 1999 ／
32 ページ
デパート・公園・マンション・叔父さんの家
などで、いやなことに巻き込まれないように、
もしそうなってしまったら？ を一緒に考えら
れる本。

『いいタッチわるいタッチ』

安藤由紀 著／復刊ドットコム／ 2016
／ 32 ページ
子ども同士やおとなからのタッチを、「い
い」「わるい」と「どんな気持ち」のテー
マで学び合える。「だいじょうぶの絵本」
シリーズの1冊。

『あなたはちっともわるくない』

安藤由紀 著／復刊ドットコム／ 2019
／ 32 ページ
親に虐待を受けているちびくまが、くま
の友だちとやぎの医師に支えられ、傷を
癒やしてゆくお話。解説と「児童虐待防
止法」の概要つき。

『こわい目にあったアライグマくん』

マーガレット・M・ホームズ 作／キャリー・
ピロー 絵／一杉由美 訳／誠信書房／
2015 ／ 40 ページ
トラウマ治療のためのシリーズ絵本。子
どもがどんな気持ちでいるか、どのよう
な身体症状がでるかがわかり、関わり
方のイメージがつかめる。

『気持ちの本』

森田ゆり 作／たくさんの子どもたち 絵
／童話館出版／ 2003 ／ 40 ページ
いろんな思いを描いた子どもたちの絵と
その背景に優しく問いかける。どんな感
情も大切で、その伝え方や対応、傾聴
のヒントが書かれている。

『窓をひろげて考えよう』

下村健一 作／艸場よしみ 企画・構成／
かもがわ出版／ 2017 ／ 48 ページ
SNS やテレビ、日常会話などの情報は、
時に人を傷つけたり、不安や心配にもな
る。8つの事例を通して情報に向き合う
コツを学ぶ仕掛け絵本。

『こいぬのルナ、
コロナウイルスにたちむかう』

アダム M・ウォレス 作／アダム・リオン
グ 絵／上田勢子 訳／子どもの未来社
／ 2020 ／ 54 ページ
犬の親子と家族が情報を得ながら、自
分や相手を思い生活するお話。コロナ
も性も、正しい情報や知識が安全・安
心につながる。Q＆A付き。

性教育絵本との出会い

　20年前、職場での性の問題や、性自認・性的指向・社会的な性の悩みを抱えていた友人がきっかけとなり、"性と生"を考えるようになりました。当時は、正しい情報を得るすべや話せる人もいませんでしたが、性教育と向き合える本との出会いがありました。

　明治時代の性科学書、大正から昭和にかけての性教育の研究・実践本や漫画、50年前からあるたくさんの絵本。今でこそ、"親子・家庭・3歳から"の性教育といわれますが、大正時代の本には"女児、母親から子ども、我が子"、昭和以降は"0歳、しつけ、乳幼児、父親の性教育"などと書かれていました。それらに衝撃を受け、日本の性教育の歴史とその大切さを知りました。そして、両親とのからだの違いに驚きや疑問をもった2歳のわが子との性教育が始まりました。それを機に、たくさんの学ぶ仲間やさまざまな活動の場が

でき、子どもとの性の学びやふれあいが現在も続いています。

　ここではふれませんでしたが、SDGsの絵本にも、教育・ジェンダー平等などに関連した質の高い内容があります。それは、まさしく性教育。むずかしさを感じることも多いと思いますが、まずは、意識・知識、そして、勇気につながる絵本選びを楽しみたいものです。乳幼児の性の学びは、ジェンダー・バイアス・フリーな環境の中で、自己受容と自己決定ができるといわれます。昔も今も、多くの専門書に、就学前の子どもに対する性教育は「基本的には保護者や保育者が行うもの」と記されています。理想と現実の差はありながらも、エビデンスに基づいた"性の健康のためのライフスキル"を子どもに教え、ともに学び育つ性教（共）育として、皆さんと一緒に実践していけたらと思います。

『ぼく、うまれるよ！』

駒形克己 作／ONE STROKE／1995／38ページ
受精から出産までの科学的な経過を、生まれる側の視点から洗練されたデザインと言葉で表現した仕掛け絵本。贈り物にもなる1冊。

1970年台からたくさんの絵本が出版されてきました。手に入らないものは図書館等で探してみてください。

『生命の誕生――ポップアップ受精・妊娠・出産』

ジョナサン・ミラー、デビット・ペラム 著／ほるぷ出版／1993
ひっぱると立体模型図が動き、授精・妊娠・出産のメカニズムと神秘を体感できる。

あせらず、あきらめず性教育を

松﨑利香

「いらない！」から「必要？」へ

　乳幼児期からの性教育を否定する保護者もいるなかで、保護者の理解を得るために必要なポイントは、私はふたつあると考えています。

　ひとつめは、保護者が性教育に興味をもってもらうための、"とっかかり"の機会を作ることです。そしてそのために必要なのが、専門家の力を借りることです。最初からすべてを理解してもらおうと急ぐのではなく、「性教育なんていらない」という意識から、「乳幼児期から性教育って必要なの？」という意識に移行することがはじめの一歩です。そのためには、保育参観など、保護者が全員集まる機会を利用し、保健師や助産師など、"性の専門家"と、保護者が思う職種の仲間に講師を依頼して学習会を開催するのが有効といえます。

　保護者と個別に話をすると、伝える側の言葉の選び方などがその都度ちがい、情報にばらつきが出ることもあります。保護者全員が参加できる機会に行うことで、共通の情報を得ることができ、その共通情報をベースとして、個別に対応することができます。

　時間は短めの30分以内で、専門用語は極力使用せず、身近な言葉で伝えると、より関心をもちやすいと思います。また、学習会を開催するにあたって、同僚と講師を交えて打ち合わせを行い、どのような話を、どのような表現で、どのように進めてほしいか、しっかりと講師に伝えることも必要です。

　性教育が身近ではない保護者にとって、専門用語が飛び交う学習会は、かえって興味を削いでしまいかねません。同僚や仲間と共有して保護者に寄り添う姿勢で進めることが、保護者の理解につながるのです。

大切なことは日々の保育の中に

　ふたつめは、日常の中での保護者との共有です。これは、自分ひとりからでもひっそりと始めることができ、気がつけば「"性"を意識した会話」をしても、保護者が受け止めてくれるようになるための方法でもあります。

　私たちは毎日送迎の際などに、その日の出来事を保護者と共有していますよね。その際に、保護者といちばん身近な存在である担任が、さりげなく"性"を意識したやりとりを繰り返すことが何より重要だと感じています。そのためには、子どもたちのつぶやきに耳を傾ける意識をもち、「これは性の学びにつながるかもしれない」と感じることができるようアンテナを張り、「子どものつぶやきからの発見」として、さりげなく保護者

と共有することが必要であると感じています。

　以前、2歳児クラスのトイレ対応の際、男児が「お家では座ってオシッコするのに、どうして保育園では立ってしなくちゃいけないの？」とつぶやきました。この一言を逃すまいと保護者に伝えた結果、保護者から「確かに！　本当に、場所によって違いますよね」という言葉が聞かれ、「男児の排尿のしかたは、立っても座ってもいいんだ」という発見を共有することができました。

涓滴岩を穿つ

　保育職場で性教育をと思う時にまず立ちはだかるのは、「同僚の無理解」ではないでしょうか。私自身、異動をするたびにこの壁が立ちはだかり、孤軍奮闘を毎度繰り返しています。みなさんも、そのような経験はありませんか？

　私の前職場の職員は、保育への意識の高い職員ばかりでしたが、性教育についてはなかなか理解を得ることができませんでした。諦めたい気持ちが高まるなかで、同僚の理解を得るという結果を焦るのではなく、理解が得られることを信じて実践を示し続けてみようと気持ちを切り替え、日常の保育の中の"性"をより意識し、同僚がわかりやすいように性を意識した、子どもへの働きかけを示し続けました。

　そんなある日、年長女児がお絵かき帳に、男性と女性の全裸の全身図を描きました。これを見た同僚は、冷静に「Aちゃんが全裸の絵を描いてるんだけど、どう対応したらいいかな」と一言。職員間で話し合い、絵を描いた行動そのものを頭ごなしに否定するのではなく、絵を描いた背景を聞いてみようということになりました。これまでであれば迷うことなく、「こういう絵は、描かないでほしいな」と子どもに対して言っていたかもしれないできごとでした。

　性教育の実践は、まだまだ思うようにいかないことの連続だと思います。ですが、あきらめて行動することをやめてしまっては、同僚の理解にはつながりません。同僚の理解を得て、職場全体で性教育実践をするに至るのは、明日かもしれないし10年後かもしれませんが、そういう実践を実現できる日がくると信じて行動し続けることが、保護者を含む周囲への理解へつながる道であると思います。

　そのために、子どもの発する表現に心を傾ける姿勢をもち、そこで得た発見や学びを、子どもたち、同僚、そして保護者と共有して自分自身の学びを更新していくことで、性教育の必要性を自分の中に抱き続け、あきらめずに発信し続けましょう。

　続けるということは、しんどいことです。スタミナが切れそうな時は、サークルなど園の外でのつながりを求め、理解ある仲間と話し合ってスタミナをチャージしましょう。私たちが続ける行動の一つひとつの滴が、いつか大きな岩に穴を開けることと思います。

用語解説

LGBT（エルジービーティー）

　LGBT はレズビアン（Lesbian）、ゲイ（Gay）、バイセクシュアル（Bisexual）、トランスジェンダー（Transgender）の頭文字で、セクシュアルマイノリティ（性的少数者）の総称のひとつ。女性の同性愛者をレズビアン、主に男性の同性愛者をゲイ、両性に向くまたは性別を問わない人をバイセクシュアルという。性自認と身体的性別が一致しない人をトランスジェンダーという。

　こうした用語の意味づけは時代によって発展してきた。インターセックス（出生時の器官や生殖腺、染色体パターンなどの性的特徴が、一般的とされる男性のからだ、女性のからだの二分化に当てはまらない人）を加えて LGBTI と表記されたり、クエスチョニング（迷っていたり、定義づけをしたくない等）が加わって LGBTQ、さまざまなあり方を含むという意味で LGBT ＋と表記されたりすることもある。

（松﨑利香）

「国際セクシュアリティ教育ガイダンス」

　国際的な性教育の到達点としてユネスコによって出された文書。2009 年の初版では、UNAIDS（国連合同エイズ計画）を共同スポンサーとし、UNFPA（国連人口基金）、UNICEF（国連児童基金）、WHO（世界保健機関）、世界各国の実践者、専門者によって開発された。その後、2018 年に公表された改訂版では、UNWomen（国連女性機関）が加わり、新たな知見やデータをもとに内容が更新された。

　ガイダンスでは、まず性教育を包括的性教育として位置づけ、その理念と内容を年齢別に具体化している。さらに、性教育を進めるにあたって活用できるデータ、性教育に関連した国際法や国際協定を紹介している。各国の取り組みや連携の方法もまとめられている。性教育の理念を確かなものとし、実践に具体化し、広げていくにあたって大いに参考になる文書である。日本語訳は明石書店から出版されているほか、ユネスコの web サイトから無料でダウンロードすることもできる。

（艮 香織）

ジェンダー

　生物学的な性差をセックス（Sex）というのに対して、社会的、文化的につくられた性別による違いはジェンダー（Gender）と呼ばれてきた。男女の性役割や行動様式、外見、心理的特徴をいい、教育、社会、文化、宗教、政治、経済などあらゆる面で見られ、生まれたときから影響を受けている。

　しかしこれは普遍的ではなく、時代や生活様式、考え方によって変化しうるものである。

　それはジェンダーの定義についても同様であり、1990 年代からのジェンダー理論の進展によって、セックスの概念も、社会的・文化的なジェンダー規範に縛られて作られていることが明らかにされている。

（岩佐寛子）

性器

　性器は生殖に関わる器官で、生殖器ともいう。人の性器は発生学的に内性器と外性器で構成される。男性性器のうち、内性器は精巣、精巣上体、精管、精囊および前立腺などであり、外性器は陰茎および陰囊である。精子の生産は精巣で行われる。女性性器のうち、内性器は卵巣、卵管、子宮および膣であり、外性器は大陰唇、小陰唇、クリトリス（陰核）、膣前庭などである。卵巣は卵子のもとになる卵細胞を維持・成熟させ排卵させる。

（岩佐寛子）

性器さわり／性器タッチ

　性器を触ることを表現することばについて、以前は「性器いじり」や「おちんちんいじり」などといった。だが、「いじり」という言葉は「いじる」など否定的意味があるので、今は使わなくなっている。

　性器を触ることは否定すべきことではなく、自分で清潔にすることができるようになったり、快感を得ることができるようになったりするなど、むしろふれることが大切。それで今では肯定的な意味を込めて「性器タッチ」や「性器さわり」

という言葉を使うようになっている。

（永野佑子）

性的虐待

　圧倒的に力の差がある関係の中で起きる性暴力。おとなと子どもに限らないが、多くはおとなが子どもを性的な対象にすることで、子どもの人間としての尊厳を踏みにじり、身体の統合性（私のからだは私自身という感覚）と性的自由や自己決定を侵害し、さらに性的人格権を侵害するもの。また、子どもが十分に関心をもって育てられていない環境下では、子どもは人との関わりを強く求めるため、被害に遭うリスクが高まる。親や親戚、見守ってくれるはずのおとなや兄弟姉妹間での性的虐待の場合は、長期間発見されないこともあり、この場合の心理的被害はとても深刻なものになる。

（浦野匡子）

性的指向

　英語では Sexual orientation、つまり人の性的な対象がどの方向へ向くのかというテーマである。「シコウ」という音から、志向や嗜好と書き誤ることがある。気をつけたい。実は私たちには、いつの時代からか、なぜか「人間」を見誤り、男は女を、女は男を性的対象にするのが「普通」だとか、それが正しいとか錯覚した歴史がある。

　人類の科学が進み、人権への理解が広がるなかで、男性で男性に性的指向が向かうホモセクシュアル（Homosexual）やゲイ（Gay）、女性が女性に向かうレズビアン（Lesbian）、両性に向かう、または性別にこだわらないバイセクシュアル（Bisexual）、どこにも向かわないアセクシュアル（A-sexual）など、人間の性的指向のあり方が多様であることが明らかとなった。

（安達倭雅子）

性的同意

　すべての性的な行為に対し、お互いがその行為を積極的に「したい」という意思があるかを、対話を通して確認することである。パートナーであってもその意思を確認し、尊重する必要がある。性的同意の中には行為そのものだけではなく、行為をする時や場所、方法など包括的にお互いが同意することも含まれる。性的同意は自己決定権の行使でもある。また、性的同意をすることにより、お互いの関係性を見つめなおすきっかけにもなり、お互いを尊重した人間関係を築くことができるようになる。

（三宅美千代）

セクハラ

　セクシュアルハラスメント（Sexual harassment）を略した言葉で、性的いやがらせと訳される。主に仕事の場で起こることを指すが、男性から女性へ、女性から男性へ、同性間でも起こりうる。性行為を強要される、からだを触る、性的な発言をするなどさまざまなハラスメントがあり、時には拒否するなど応じない場合に不利益な状況に置かれることもある。

　ハラスメントは立場など力の強い者が弱い者に対して向けられることが多く、学校、保育現場で起こることを「スクールセクハラ」と呼ぶ。教師、保育者からのセクハラは、力関係を利用して口止めをする、子どもが自分が悪いのではという気持ちにさせられるということで発見されにくく、加えて信頼しているおとなに裏切られることで子どもが心身に受ける傷は計り知れない。

（北山ひと美）

SOGI（ソジ）

　SOGIとは、誰に恋愛感情が向くか（性的指向 Sexual Orientation）と、自分の性をどう認識しているのか（性自認 Gender Identity）という、性に関わる状態を表す言葉の頭文字。

　LGBTと混同されることがあるが、L（Lesbian 女性同性愛者）G（Gay 男性同性愛者）B（Bisexual 両性愛者、性別にこだわらない者）は性的指向、T（Transgender 身体の性と心の性に違和のある者）は性自認に関わって、性的にマイノリティの立場に置かれてきた／いる者を表す言葉の頭文字で、権利獲得の運動の中で、連帯を表して使われてきた言葉である。

　SOGIという用語が登場したのは、誰もが性の当事

者であり、そのあり方がそもそも多様であるということが意識されるようになったことによる。これらの用語は長年にわたる人権擁護の運動が切り開いた地平から生み出されたものである。自分のスタンスに合う言葉を選び（なければ作り）、人権としての性の捉え方を確かなものにしていくことが重要といえよう。

（艮 香織）

プライベートゾーン／パーツ

他人（親であっても）に見られたり、触られたり、傷つけられたりしない自分だけの大切な場所のことを、プライベートゾーンまたはプライベートパーツといい、水着で隠れる場所、つまり胸・おしり・性器と、口を指す。プライベートゾーン／パーツに限らず、自分のからだは自分だけのものであり、大切にできるようにする。そして、性に関わる困り事が起きたときは相談できる力を身につけるためにも、性教育は必要である。

（熊澤貞子）

包括的性教育

包括的は「comprehensive」の訳で、「広範囲の／多くのものを含む／広範囲の理解力のある」などの意味をもつ用語である。これまでの性教育の流れをみると、結婚まではセックスをしないことを誓わせ管理する「純潔強制教育」、性行動にともなうトラブルや性感染症などを取り上げて脅しに使う「性の恐怖教育」、寝た子を起こす論に依拠した「抑制的性教育」

が併存していた。今日では、包括的性教育が国際的な標準であり、本流となっている。

その骨格は、①乳幼児期から高齢期まで、さまざまな課題に対応できることを基本に、②性的発達と人間の成長のすべての局面と③生活と人間関係のすべての局面に対応し、賢明な選択と対応ができることをめざし、④人間の発達にとってさまざまな共生をはぐくむことを目的としている。子ども・青年の性をめぐる課題をしっかりと受け止め、子ども・青年の未来を見据えて、賢明な自己決定能力をはぐくむことをめざす実践的体系的な性教育である。

（浅井春夫）

「ヨーロッパにおける性教育スタンダード」

WHO（世界保健機関）ヨーロッパ地域事務所とドイツ連邦健康啓発センターが2010年に公表した性教育の指針。「スタンダード」では、性心理的発達を「子ども自身のニーズ／からだ／関係性／セクシュアリティ」の経験領域を踏まえて、0歳からはじまる発達段階について①「発見と探求」の段階（0〜1歳と2〜3歳）、②「規則の学習、遊びと友だち関係」（4〜6歳）、③「恥ずかしさと初恋」（7〜9歳）、④「前思春期と思春期」（10〜11歳と12〜15歳）、⑤「おとな期への変わり目」（16〜18歳）というように、5つに区分している。「国際セクシュアリティ教育ガイダンス」との違いは、「スタンダード」が0〜4歳の課題に関しても対象年齢としている点である。

（浅井春夫）

著　者

一般社団法人 "人間と性" 教育研究協議会（性教協）
乳幼児の性と性教育サークル

1982年の発足以来、「科学・人権・自立・共生」の4つのキーワードで、性教育の実践と研究を重ねる民間教育研究団体 "人間と性" 教育研究協議会に、2018年にうまれた学習サークル。これまで乳幼児期の保育・教育課題として位置づけられてこなかった性教育を、すべての人の人権にかかわる不可欠な学びとして、どのように実践できるか研究と交流を続けている。保育士、幼稚園教諭、児童養護施設職員、教員、保護者、助産師、医療関係者、電話相談員など、さまざまなメンバーが参加している。　本書の執筆はサークル運営委員で分担した。
ホームページ　https://uuappeal-2015.wixsite.com/mysite

浅井春夫（あさい はるお）	編著者
安達倭雅子（あだち わかこ）	編著者
岩佐寛子（いわさ ひろこ）	助産師
艮　香織（うしとら かおり）	編著者
浦野匡子（うらの まさこ）	学校法人和光学園和光幼稚園 教諭
菊池凖子（きくち じゅんこ）	食愛♡ kitchen 〜くうらぶ♡きっちん〜主宰、
	性教協 四国ブロック幹事
北山ひと美（きたやま ひとみ）	編著者
熊澤貞子（くまざわ ていこ）	助産師
小泉玲雄（こいずみ れお）	社会福祉法人むつみ会 むつみ保育園 保育士
佐藤さえ子（さとう さえこ）	LGBT 当事者とその家族・
	友人のための支援団体 S-PEC 代表
白坂　岳（しらさか がく）	児童養護施設クリスマス・ヴィレッジ 保育士
菅野清孝（すがの きよたか）	学校法人友遊学園なかよしこども園 園長
長瀬初美（ながせ はつみ）	性教育やまちづくり、自然保護などの市民活動家、元看護師
永野佑子（ながの ゆうこ）	性教協 障害児・者サークル世話人、全障研会員
藤田淳志（ふじた あつし）	社会福祉法人いずみ苗場の会 苗場保育園 園長
松﨑利香（まつざき りか）	保育士
三宅美千代（みやけ みちよ）	つくば国際短期大学保育科 講師
芳尾寛子（よしお ひろこ）	社会福祉法人あおぞら あおぞら谷津保育園 園長

編著者

浅井春夫（あさい はるお）
一般社団法人"人間と性"教育研究協議会(性教協)・乳幼児の性と性教育サークル事務局長。
立教大学名誉教授。児童養護施設で性教育に着手し、性教協の設立当初から参加。著書
に『性のおはなしＱ＆Ａ』（エイデル研究所）、『包括的性教育』（大月書店）など。

安達倭雅子（あだち わかこ）
性教協・乳幼児の性と性教育サークル副代表。電話相談員。著書に『電話の中の思春期』（ユッ
ク舎）、『暮らしの中の性教育』（北海道新聞社）、『私と彼とそのあいだ』（ちくまプリマーブッ
クス）、共著に『性の絵本⑤』（大月書店）など。

艮 香織（うしとら かおり）
性教協・乳幼児の性と性教育サークル研究局長。宇都宮大学准教授。研究テーマは性教育
と人権教育。共編著『子ども家庭福祉』（建帛社）、共訳『ようこそ！ あかちゃん』（大月書店）、
監修『親子で話そう！ 性教育』（朝日新聞出版）など。

北山ひと美（きたやま ひとみ）
性教協・乳幼児の性と性教育サークル代表。和光小学校・和光幼稚園校園長。幼稚園、
小学校の現場で性教育のカリキュラム作り、実践を重ねてきた。共著に『あっ！ そうなんだ！
性と生』（エイデル研究所）など。

staff
装丁・組版　　橘川幹子
本文イラスト　にしぼりみほこ
編集　山家直子

乳幼児期の性教育ハンドブック
2021 年 4 月 15 日　初版第 1 刷発行
2022 年 5 月 5 日　初版第 2 刷発行

編著者　浅井春夫・安達倭雅子・艮 香織・北山ひと美
発行者　竹村正治
発行所　株式会社かもがわ出版
　　　　〒602-8119　京都市上京区堀川通出水西入
　　　　TEL 075-432-2868
　　　　FAX 075-432-2869
　　　　振替　01010-5-12436
　　　　ホームページ　http://www.kamogawa.co.jp
印刷所　シナノ書籍印刷株式会社

ISBN978-4-7803-1149-5 C0037
Printed in Japan